Peter Landgraf   Unsere Welt in Bilde
                     Gemalte Impressionei

CW00867553

Peter Landgraf

Unsere Welt in Bildern

Gemalte Impressionen

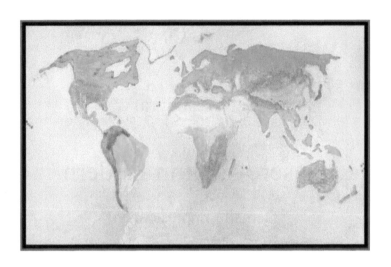

Herstellung und Verlag: BoB - Books on Demand, Norderstedt
Text, Gouachen, Aquarelle und Zeichnungen Peter Landgraf
Internet: www.peterlandgraf.de

ISBN 9 783744 820301

Die Deutsche Bibliothek verzeichnet diese Publikation in der
Deutschen Nationalbibliografie; Internet http://dnb.ddb.de

Inhalt

Achille Lauro – Mittelmeerkreuzfahrt

Mit der **Achille Lauro** begann für uns die Entdeckung der Welt – der fernen Länder und Kulturen unserer Erde.

Wir hatten bereits Paris, London und Rom besucht, die Küsten der Adria und der Ligurischen See mit dem Auto befahren, an der Côte d'Azur ein zurückhaltendes Spiel im Casino von Monte Carlo gewagt und Deutschland von der Nord- und Ostsee bis zu den Alpen bereist. Aber außerhalb Europas waren wir – von einer Kurzreise nach New York abgesehen – bis dahin noch nicht gekommen.

Paris · Montmartre mit Sacré Coure   Rom · Triumphbogen und Kolosseum

London · Tower und Tower Bridge

Das sollte sich im Jahr 1974 ändern. Wir, meine Frau Irene und ich, buchten eine **Mittelmeerkreuzfahrt** auf der MS Achille Lauro. Von Genua ging die Reise nach Sizilien, von dort nach Ägypten. Ein Bus brachte uns von Alexandria zu den Pyramiden von Gizeh und über Kairo nach Suez. Von hier wurde die Fahrt fortgesetzt, zuerst nach Beirut und in den Libanon, dann über Kreta und Rhodos nach Izmir und Istanbul in der Türkei, und schließlich über

Piräus und Athen in Griechenland zurück nach Italien mit kurzen Stopps in Sizilien und Capri, bevor die Reise in Genua wieder zu Ende ging.

MS Achille Lauro
192 m Länge und 23.112 BRT

Mit anderen Worten: Die Kreuzfahrt war eine Reise zu den alten Hochkulturen der Ägypter, Phönizier, Griechen, Römer, Byzantiner und Osmanen.
Bereits 3000 Jahre vor unserer Zeit errichteten die Ägypter das älteste Großreich in der damals bekannten westlichen Hemisphäre.

Es hielt, bis die Griechen ihnen nacheiferten und unter Alexander dem Großen im 4. Jahrhundert v. Chr. Ägypten vereinnahmten und ein Herrschaftsgebiet unterwarfen, das über Zentralasien hinaus bis nach Vorderindien reichte.

Dann erwachte der Eifer der Römer. Ihr Reich erstreckte sich um die Zeitenwende von den heutigen britischen Inseln über das westliche Europa und rings um das Mittelmeer bis nach Kleinasien.

Schließlich erweckten Mohammed, der Gründer des Islam, und seine Nachfolger die arabischen Völker im 7. Jahrhundert aus ihrer Lethargie und errichteten in kurzer Zeitfolge ein Großreich im Zeichen ihrer Religion von Andalusien bis Zentralasien.

Wir waren erschlagen von der Vielfalt der Eindrücke und ermuntert zugleich, weitere große Reisen folgen zu lassen und – sei es mit dem Schiff oder dem Flugzeug – so oft wie möglich auf große Fahrt zu gehen, um **unsere Welt** ausgiebig zu erkunden. Das Fernweh hatte uns beide gepackt.

Das 1946 im Auftrag von Lloyd vom Stapel gelaufene Passagierschiff wurde nach einer Generalüberholung seit Mitte der 1960er Jahre von der italienischen Lauro-Linie betrieben.

Weltweit bekannt wurde die Achille Lauro 1985, als Terroristen der Palästinensischen Befreiungsfront das Kreuzfahrtschiff im Mittelmeer in ihre Gewalt brachten, einen US-amerikanischen Passagier erschossen und über Bord warfen und die Befreiung in Israel inhaftierter Palästinenser forderten.

Das unrühmliche Ende der Achille Lauro ereignete sich 1994. Das Schiff sank auf einer Kreuzfahrt als Folge eines ausufernden Maschinenbrandes im Indischen Ozean.

Ägypten – Gizeh

Wir reisten von Alexandria aus an. Die Fahrt durch die Libysche Wüste zog sich endlos hin. Die heiße Luft flimmerte über den Sandbergen und gaukelte den unbedarften Betrachtern Seenlandschaften vor. Schließlich tauchten die sehnsuchtsvoll erwarteten Spitzen der **Pyramiden von Gizeh** am Horizont auf, die größer und größer wurden, je näher wir kamen. Dort angekommen fesselten uns die Pyramiden vor einem wolkenlosen Himmel, die in die unendliche Ferne blickende, geheimnisumwitterte Sphinx und eine lautlos dahinziehende Karawane – was für ein faszinierendes Schauspiel!

Pyramiden und Sphinx

Die Cheops-Pyramide ist die älteste und größte der Pyramiden in Gizeh. Sie wurde vor 4.600 Jahren für Pharao Cheops als Grabmal erbaut.

Die **Sphinx** – ein liegender Löwe mit einem Menschenkopf – ist nur unwesentlich jünger und vermutlich auf Geheiß von Pharao Chephren errichtet worden. Ob sie ihn auch darstellen soll, oder den altägyptischen Sonnengott Re, ist nicht gesichert. Auf jeden Fall blickt die Sphinx nach Osten, über den Nil und die Mukattam-Berge hinweg, der aufgehenden Sonne entgegen, der obersten Gottheit des alten Ägyptens.

Libanon – Der Tempel von Baalbek

Wir waren vom Glück begünstigt, als die Achille Lauro im Hafen von Beirut festmachte und uns ein Bus hinauf in das Hochtal des Libanons nach **Baalbek** brachte. Denn im Jahr darauf brach ein Bürgerkrieg aus, der sechzehn Jahre anhielt. Zuerst stritten Muslime mit Christen, dann Syrer und die PLO der Palästinenser unter Jassir Arafat mit Libanesen und schließlich kämpfte jeder gegen jeden.

Das historische Beirut fanden wir noch unversehrt und durch Zedernwälder erreichten wir die römische Tempelanlage vor der Kulisse der verschneiten Gipfel des Antilibanon.

Jupitertempel

11

Die gewaltigen **Säulen des Jupitertempels** ragten noch immer 20 m hoch auf. Seine Basis bestand aus behauenen Blöcken von 4 x 4 x 19 m und einem Gewicht von 800 t.

Eine grüne Zeder ziert die Flagge des Landes. Nur noch wenige dieser großartigen Bäume konnten wir sehen – sie fielen dem Schiffbau und der Ausschmückung von Palästen und Tempeln zum Opfer. Mit blauen Atlas Zedern wurde in der Neuzeit aufgeforstet. Sie wachsen schneller.

Kreta – Der Palst von Knossos

Die kulturelle Wiege Europas liegt nach Ansicht der Historiker auf der Insel **Kreta**. Die Anfänge dieser ersten großen Epoche gehen bis in die Bronzezeit zurück.

Eingangsbereich zum Palast von Knossos

Das nach ihrem König Minos benannte Volk der Minoer hinterließ dort prunkvolle Bauwerke, deren Entstehung auf etwa 2000 vor unserer Zeit und deren Blüte auf etwa 1600 datiert werden.

Homer beschreibt in seinem Epos ,Odyssee' diese Insel mit treffenden Worten:

> „Kreta ist ein Land im dunkelwogenden Meere,
> fruchtbar und anmutsvoll zugleich.
> Es wohnen dort Völker von mancherlei Stämmen.
> Ihrer Könige Stadt ist **Knossos**, wo Minos herrschte."

Staunend bewunderten wir den in Teilen restaurierten Palast. Die prächtig ausgestaltete Anlage gab Zeugnis vom großen Reichtum ihrer Erbauer und die kräftigen Farben der Wandmalereien im Inneren ließen Lebensfreude erkennen.

Karminrot leuchteten die wuchtigen Säulen der Herrschaftsräume, die schwarze Kapitelle trugen – eine in den Palästen der damaligen Welt einmalige Komposition.

Kunstvoll verzierte Schmuckbänder umrahmten Wände und Friese, ausgestattet mit geometrischen Mustern, Rosetten und Spiralen. Fresken ließen auf die feine Lebensweise der Minoer schließen, wenn Diener geschlachtete Tiere, Krüge mit Wein und Schalen mit Oliven herbeitrugen, während andere durch ein Feld mit im Wind wehenden Papyrus schritten.

Mutige Männer und junge Frauen kämpften mit Stieren und sprangen artistisch darüber hinweg, ohne erkennen zu geben, ob es sich dabei um einen religiösen Kult oder nur ein Spiel handelte.

Was erzählen dem Betrachter die von Fischschwärmen umgebenen, springenden Delphine und die Greifen genannten Fabelwesen mit dem Kopf und den Flügeln eines Raubvogels und dem Körper eines Löwen?

Ein Musikant blies eine Doppelflöte. Neun barbusige Frauen in kostbaren Gewändern unterhielten sich sitzend angeregt auf einem der Fresken. Waren es Damen des Hofes oder Gespielinnen?

Den anmutigen Tänzerinnen mit ihren entblößten Brüsten konnten wir schon eher gedanklich folgen, wobei es jedermanns Phantasie überlassen blieb, sich die zart klingenden Melodien vorzustellen, in deren Rhythmus sie sich bewegten.

Tänzerin und Delphine im Palast von Knossos

Rhodos – Großmeisterpalast und Laokoon-Skulptur

Von den sieben Weltwundern haben nur die Pyramiden von Gizeh überlebt. Der Koloss von Rhodos, der breitbeinig der Legende nach über den Pylonen der Hafeneinfahrt thronte, ist nach einem Erdbeben ins Meer gestürzt und spurlos verschwunden.

Heute begrüßen, auf Säulen auf den beiden Molen stehend, ein Hirsch und eine Hirschkuh die Ankommenden. Sie werden Elafos und Elafina genannt und gelten als Wappentiere der Insel.

Großmeisterpalast

Unser Interesse galt zwei anderen Bauwerken: Die Griechen errichteten hier zu Ehren Athenes eine **Akropolis** über dem Ort Lindos auf einem Felssporn,

15

den Peter zu Fuß und Irene auf dem Rücken eines Esels bestiegen. Jahrhunderte später bauten die Kreuzritter des Johanniterordens eine martialische Festung auf dem höchsten Punkt der Altstadt, den **Großmeisterpalast** – Station auf ihren Zügen in das Heilige Land.

Dort sahen wir eine Replik der aus Marmor geschlagenen Laokoongruppe, die wir für das Original gehalten hätten, so einmalig war sie anzusehen, hätten wir nicht gewusst, dass dieses sich im Museum des Vatikans befindet.

Der Orden der Großmeister lebt in Deutschland als gemeinnütziger Verein DIE JOHANNITER fort. Viele zum Teil ehrenamtlicher Helfer sind im Inland und Ausland mit großem Einsatz im sozialen Dienst tätig. Sie haben unsere Unterstützung.

Türkei

Izmir und Ephesos in Anatolien

Die Achille Lauro legte nach einer stürmischen Nachtfahrt in der bewegten Ägäis im Hafen von **Izmir** an, dem alten griechischen Smyrna in Asia minor, in Anatolien.

Die Geschichte hat nichts Bedeutsames in der Millionenstadt hinterlassen. Ihr Wahrzeichen, ein Uhrturm aus der Neuzeit, erinnert schwach an den Schiefen Turm von Pisa, ohne sich mit ihm messen zu können.

Zeugnisse griechischer und römischer Kultur fanden wir jedoch im anatolischen Hinterland in **Ephesos** – Reste eines der Fruchtbarkeitsgöttin Artemis geweihten Tempels, ein Theater und die Fassade eines als Bibliothek bezeichneten, restaurierten Gebäudes eines malerischen Komplexes, der an den ehemaligen Marktplatz, die Agora, grenzte. Was hat es wohl dort zu lesen und zu studieren gegeben?

Der Apostel Paulus war ein umtriebiger Mensch. Mehrfach fuhr er über das östliche Mittelmeer, um zu missionieren. Er nahm aber auch den Landweg – wie seine Briefe an die Korinther und Philipper beweisen – und machte der Apostelgeschichte zufolge im Jahr 55 n. Chr. Station in Ephesos. Peter und Irene folgten ihm 1919 Jahre später.

16

Der Uhrturm Saat Kulesi in Izmir und die Celsus-Bibliothek in Ephesos

Istanbul und Bursa

Die **Hagia Sophia**, im alten Byzanz am europäischen Ufer des Bosporus erbaut, war über Jahrhunderte die größte Kirche der Christen.

Nach der Abtrennung Ost-Roms wurde sie mehrfach erweitert und um die bis heute größte, auf nur vier Pfeilern ruhende Kuppel der Welt ergänzt.

Das Kreis-Ornament auf dem Fußboden unter ihr, auf dem die Kaiser gekrönt wurden, bezeichnete man als Omphalos, als Nabel der Welt, als Zentrum des damals byzantinischen Reiches in der Hauptstadt Konstantinopel.

Nach der Unterwerfung Ost-Roms durch die Osmanen im 15. Jahrhundert wurde die Hagia Sophia zur Moschee umgebaut. Im Inneren wurden eine nach Mekka ausgerichtete Gebetsnische, der Mihrab, und eine Kanzel, der

Minbar, errichtet. Unterhalb der Kuppel prangen im Innenraum die Kartuschen mit den Namen Mohammed, Allah und Abu Bakr. An den äußeren Flanken wurden vier Minarette ergänzt.

Hagia Sophia in Istanbul

Für die Stadt selbst bildete sich mit der Zeit der aus dem türkischen Dialekt stammende Name Istanbul heraus, der schließlich 1876 amtlich wurde. Heute ist die Hagia Sophia Museum und eine der Hauptattraktionen Istanbuls.

Über die große Bosporus-Brücke fuhren wir von der europäischen zur asiatischen Seite Istanbuls und weiter nach **Bursa** in die alte Hauptstadt des Osmanischen Reiches. Dort errichteten die früheren Herrscher unterhalb der Festungsmauern mehrere großartige Moscheen und Mausoleen.

Die bedeutsamsten Meisterwerke der frühosmanischen Baukunst sind die Yesil Camii, die Grüne Moschee, und das **Grüne Mausoleum**, in dem Sultan Mehmet I. begraben wurde.

Grabmal Mehmet I.

Griechenland – Athen

Der Sage nach schenkte Athene, die Göttin der Weisheit und der Kunst, den Bewohnern der damals noch kleinen Siedlung einen Olivenbaum. Seine Früchte gaben ihnen Nahrung und Öl und aus dem Holz fertigten sie Baumaterial. Aus Dankbarkeit nannten sie ihre heranwachsende Stadt Athen und bauten ihrer Göttin vor 2.500 Jahren einen großartigen Tempel, den **Parthenon**, auf dem Hügel der **Akropolis**.

Wir durchstreiften Athen, bewunderten die historischen Plätze und Gebäude, standen staunend im Museum vor den alten Kunstschätzen und hörten aufmerksam die Berichte über die ersten demokratischen Strukturen dieser

19

Stadt, des Landes und damit Europas. Unser Schiff, die Achille Lauro, lag im Hafen von Piräus vor Anker. Bevor wir zu ihr spät in der Nacht aufbrachen, vergnügten wir uns in einer Taverne in dem Altstadtviertel Plaka, lauschten griechischer Volksmusik, tranken reichlich Retsina und schwankten im Rhythmus des vor uns aufgeführten Sirtaki freudetrunken auf den Stühlen.

Akropolis mit Parthenon

Niemand konnte erahnen, dass Jahrzehnte später das Land durch Misswirtschaft finanziell am Abgrund stehen sollte. Die wesentlichen Ursachen der Staatsverschuldung waren: ein überdimensionierter Staatsapparat, überzogene Gehälter und Löhne im öffentlichen Bereich, Auszahlungen von Renten an zigtausende bereits Verstorbene, Korruption, Mängel im Steuerrecht und in der Steuereintreibung und Geschäfte am Staat vorbei.

Das konnte uns von weiteren Besuchen Griechenlands nicht abhalten. Korfu entwickelte sich Jahre später zu einem unserer Lieblingsziele, jene kleine Insel im Ionischen Meer mit Sicht auf das griechische Festland und Albanien. Ihre wechselvolle Geschichte prägten vor allem die Venezianer und die österreichische Kaiserin Sisi ließ auf ihrer Urlaubsinsel einen Palast im pompejischen Stil errichten, der heute meistbesuchten Sehenswürdigkeit Korfus.

Italien

Ausgangs- und Endpunkt der Mittelmeerkreuzfahrt war Genua, die Heimatstadt von Kolumbus, der uns inspirierte, wann immer wir von ihm und anderen großen Entdeckern hörten oder lasen. Wir eiferten diesen wagemutigen Männern nach, meist mit dem Flugzeug, aber auch per Schiff.

Die Achille Lauro ging dreimal in Italien vor Anker, gleich zu Beginn in den Häfen von Neapel und Syrakus auf Sizilien und zum Abschluss der Fahrt auf Reede vor Capri.

Sizilien

Auf dieser großen Insel herrschten die Phönizier, Griechen, Karthager, Römer, Muslime, Normannen, Staufer und Bourbonen. Alle hinterließen ihre Spuren, bis schließlich Sizilien zuerst zum Königreich Neapel und dann zum Königreich Italien kam, aus dem die heutige Republik hervorging. Bei so vielen, meist nicht zimperlichen und das Volk ausnehmenden Herrschern mussten sich die Bewohner wehren. Kein Wunder dass hier der Nährboden für die Mafia gelegt wurde.

Besonders grausam war die Zeit im 4. Jahrhundert v. Chr. unter dem Griechen Dionysios I., genannt der Tyrann von Syrakus. Er ließ in eine Felswand eine wie ein S geschwungene Höhle schlagen, die 64 m lang, über 20 m hoch und bis zu 11 m breit ist. Dort kerkerte er Diebe, Abtrünnige und Widersacher ein, die nicht wussten, dass selbst ein Flüstern im Innersten aufgrund der

Akustik der Höhle laut bis nach draußen zu den Wächtern klang und Flucht-pläne verriet. Wir konnten uns davon überzeugen. Ein Rascheln mit einem Stück Zeitungspapier schallt wie eine Maschinengewehrsalve.

Das „Ohr des Dionysius"

Capri

Im frühen Sommer leuchtet das Gelb der Ginsterbüsche weithin sichtbar, mit dem die orange-roten Azaleen auffallend konkurrieren und der betörende Duft der Pinien rings um einen die Welt vergessen und Sinnlichkeit empor-kommen lässt. Wir genossen diese Gefühle auf unserer Hochzeitsreise, wo wir in der Villa Semiramis übernachteten, die der letzte ägyptische König Fa-ruk einer seiner Lieblingsgespielinnen erbauen ließ und wir erlebten Tage der

Zweisamkeit an der Marina Piccola am Strand beim Hotel Weber oder etwas gehobener im La Canzone del Mare und in der versteckten Bucht beim Ristorante Da Luigi, umgeben von steilen Felsklippen, verwöhnt mit neapolitanischen Gerichten, von Luigi ausgesuchten Weinen der Insel Capri und mit Blick auf die **Faraglioni**, den aus dem Meer ragenden Felstürmen, auf denen die seltenen Lucertoli Azzura leben, die Blauen Eidechsen.

Die Faraglioni genannten Felsen vor Capri

Wir freuten uns auf ein Wiedersehen mit diesem exklusiven Inselchen, nutzten die kurze Zeit des Aufenthalts zu einem Spaziergang hinunter zu Luigi, der sich über das Wiedersehen freute, genossen bei einem Cappuccino das Treiben auf der Piazetta und blickten nach Neapel hinüber und auf den schlafenden Vesuv, der mit einer Wolke dem Betrachter einen leichten Ausbruch vortäuschte.

Vom Maghreb zum Sinai

Tunesien – Kairouan

Dem Propheten Mohammed wurde mit dem Koran Allahs Wort offenbart. Noch zu seiner Lebenszeit wurde kämpferisch mit der Verbreitung des Islam begonnen. Die ersten Kalifen, darunter der treue Gefährte des Propheten Abu Bakr, der Schwiegervater Omar und der Schwiegersohn Ali unterwarfen in wenigen Jahrzehnten die ganze arabische Halbinsel, den vorderen Orient und drangen im Osten bis zum Hindukusch vor.

Der erste Abschnitt des Westens, des Maghreb, wurde 670 durch den Heerführer Okba Ben Nafi erobert. Im Hinterland des an den südlichen Küsten des Mittelmeers schwach gewordenen Byzantinischen Reiches schlugen die Araber auf einem unwirtlichen Plateau ihre Zelte auf und gründeten **Kairouan** als rein arabische Siedlung. Sie begannen sofort mit dem Bau der ersten Moschee und verwurzelten mit Macht den Islam im Norden Afrikas.

Kairouan entwickelte sich im 7. und 8. Jahrhundert zur Schaltzentrale des Heiligen Krieges, des Djihad. Von hier aus planten und steuerten zuerst die Omaijaden und dann die Aghlabiden die arabischen Feldzüge zur Unterwerfung Marokkos bis zur West-Sahara, Algeriens und später Spaniens. Noch heute ist die Wüstenstadt eine der vier heiligen Städte des Islam neben Mekka, Medina und Jerusalem.

Ali El-Hedi führte uns durch das Stadttor Bab El Khoukha direkt zur Großen Moschee **Djama Sidi Okba**, die den Namen des siegreichen Heerführers trägt. Ihr massiges Äußeres wurde von einer mit Pfeilern gestützten, schmucklosen Umfassungsmauer geprägt und dem festungsartig gebauten Minarett beherrscht. Der sich nach oben verjüngende Vierecksturm trug zwei weitere Stockwerke, die reich gegliedert und mit Blendnischen verziert waren und mit einer Kuppel abschlossen.

Im Schatten des doppelten Säulenganges, der den weiten Innenhof der Anlage umgab, berichtete Ali von der Geschichte des Maghreb, der Ausbreitung des Islam und der Bedeutung dieses heiligen Ortes. In der Mitte des mit Marmor ausgelegten Hofes stand ein großer Brunnen, hinter dem das Minarett hoch aufragte. Ali meinte: „Das Minarett ist das älteste in ganz Nordafrika und ein Symbol des Islam im Maghreb."

Hunderte Säulen aus Porphyr, Onyx und Marmor standen im Inneren der Moschee in Reih und Glied, bildeten Schiffe und trugen Hufeisenbögen, Joche und die Decke. Fragend deutete ich auf die meist korinthischen Kapitelle der Säulen. „Die Baumeister verwendeten selbstverständlich Materialien aus früheren Epochen, aus der Zeit Karthagos, Roms und von Byzanz", erklärte Ali. „Und wollten damit den Sieg des Islam über die anderen Kulturen und Religionen ausdrücken", ergänzte ich. „Mag sein", erwiderte er gelassen, „aber heute spielt das keine Rolle mehr."

Große Moschee von Kairouan

Das breitere Mittelschiff führte direkt in den heiligen Bereich des Mirhab und des Minbar unter der zweiten Vierungskuppel, an der nach Mekka gerichteten Südostwand des Gebetsraums. Die unübertreffliche künstlerische Qualität des Ortes und die von ihm ausgehende Ruhe und sakrale Ausstrahlung beeindruckten. Hier wurden bereits vor 1.300 Jahren die Worte des Propheten verkündet, Friede gepredigt, das Paradies als Belohnung in Aussicht gestellt. Und Hass im gleichen Atemzug gesät? „Aber heute spielt das keine Rolle mehr", meinte vorhin Ali in anderem Zusammenhang. Er sollte Recht behalten, bis zuerst Al-Qaida und dann die IS-Organisation Terror über die Welt verbreiteten.

In derartigen Gedanken versunken konzentrierte ich mich gleichzeitig auf die wunderschönen Blendarkaden und Muschelornamente, die bunt schillernden Fayencen, die Rautenfelder, Palmetten und Rosetten, die Rankenornamente und die Holzschnitzereien, ließ alles auf mich einwirken, während Ali uns dezent zum Aufbruch mahnte.

Djerba

Auf der Insel Djerba in Tunesien gibt es eine der ältesten jüdischen Gemeinden außerhalb Israels. Mitten unter den Arabern und Berbern siedeln Juden seit alters her friedvoll und in großer Eintracht mit den Muslimen.

Am Rande des Marktfleckens Er-Riadh nahe bei Houmt Souk stehen zwei schlichte, weiße Gebäude, die mit einem Torbogen verbunden sind. Das eine ist die **Synagoge La Ghriba**, das andere die Verwaltung mit der Karawanserei.

Wir waren mit unseren beiden Kindern gekommen und die einzigen Besucher. Der Rabbi tauchte aus einer dunklen Ecke auf. Sein langer, wallender Bart leuchtete. Er hieß uns willkommen und bot sich als Führer an, was wir dankbar annahmen.

„Mit der Zerstörung Jerusalems im Jahr 587 vor unserer Zeitrechnung durch Nebukadnezar II. begann die Babylonische Gefangenschaft unseres Volkes. Einige konnten der Vertreibung entfliehen und wanderten bis auf diese Insel in die Diaspora." Nach einer kurzen Pause fuhr er fort: „Auch wenn diese

Geschichte nicht nachweisbar ist, bleibt sie eine schöne Legende. Gesichert ist jedoch, dass nach der zweiten Zerstörung Jerusalems und des Tempels unter Titus im Jahre 70 wieder Leute unseres Volkes nach Djerba auswanderten und sich mit jenen zusammentaten, die bereits vorher hier siedelten."

Rabbi Chloumo Cohen

Während er mit erhobener Hand auf die Decken der Synagoge zeigte und seine Augen über ihr dekoratives Inneres schweiften, erklärte er weiter: „Die Flüchtlinge brachten Steine als symbolische Reste unseres vernichteten Tempels aus Jerusalem mit und begannen mit dem Bau eines eigenen Heiligtums. So entstand die La Ghriba, was in Ihrer Sprache ‚Die Wunderbare' bedeutet. Sie ist die älteste Synagoge der Welt außerhalb des Heiligen Landes, oft umgebaut und Anfang des 2o. Jahrhunderts in die heutige Gestalt gebracht."

Er gab uns ein Zeichen, ihm zu folgen. „Das ist die Menora." Mit der linken Hand deutete er dabei auf den siebenarmigen, kultischen Leuchter, einem der Symbole des Judentums. Mit der rechten Hand griff er sodann den Fuß eines achtarmigen Leuchters. „Die Chanukka brennen wir zur Erinnerung an die Wiederaufnahme der Jerusalemer Tempeldienste. Das Weihefest dauert acht Tage und jeden Tag wird ein weiteres Licht angezündet." Nach kurzer Pause fuhr er fort: „Erntedank wird auch bei Ihnen gefeiert. Sukkoth heißt dieses Fest bei uns." „Laubhüttenfest?", fragte ich auf Deutsch. Er nickte mit dem Kopf. „Jom Kippur ist das Fest der Versöhnung und der Sündenbekenntnis und Passah erinnert an die Befreiung aus der ägyptischen Knechtschaft."

Der Rabbi hielt erneut kurz inne, um dann mit uns noch näher an eine Art Altarwand heranzutreten, in der ein kostbar geschnitzter Schrein unter einem Baldachin eingelassen war. Drei aus Silber getriebene und reich geschmückte Tafeln zierten das Allerheiligste, den Aufbewahrungsort der Thora. „Die Flüchtlinge", hob der Rabbi an, „brachten seinerzeit nicht nur Steine des Tempels, sondern auch einige Gebetsrollen mit, die an dieser heiligen Stelle aufbewahrt werden." „Ist es möglich, dass Sie uns eine dieser alten Rollen zeigen?", fragte ich voll großer Neugierde. „Aber nein, nur Gläubige dürfen die Thora sehen."

Er sah sich vorsichtig um, doch außer uns war niemand in der Synagoge, deutete auf meine Kamera und sagte großzügig: „Wenn Sie möchten, können Sie ein Bild vom Schrein machen, auch mit Blitz." Ich hatte das Gefühl, dass er am Ende seiner Erzählung angekommen war und schoss ein Foto.

Noch bevor ich mich bei ihm bedanken konnte, bat er mich, ein Foto von ihm neben der blau glänzenden Säule aufzunehmen, an der er mit seinen Ausführungen begonnen hatte und ich erfülle ihm seine Bitte.

Dann holt er aus seiner Tasche einen Kugelschreiber und einen Zettel hervor, den er beschrieb und mir überreichte: **Rabbi Chloumo Cohen**, P.O. Box, Erriadh, Tunisia stand darauf. „Schicken Sie mir mein Foto, wenn Sie wieder zu Hause sind."

Sein Haupthaar war schütter, seine Wangen voll und glatt, seine Statur kompakt und untersetzt. Der lange Bart hob und senkte sich beim Sprechen. Die unter buschigen, grauen Brauen tief in ihren Höhlen liegenden wachen braunen Augen und sein ganzes Gesicht drückten große Zufriedenheit aus. Er war mit sich und seiner Welt im Reinen und offenbar auch mit uns zufrieden und der Möglichkeit, die er hatte und nutzte, uns einen kleinen Ausschnitt aus der jüdischen Tradition zu erschließen.

Wieder zuhause, ließ ich den Dia-Film entwickeln und schickte ihm, mit unserem Dank verbunden, sein Foto.

* * *

Am 11. April 2002 wurde ein Sprengstoffanschlag auf die Synagoge La Ghriba auf der Insel Djerba durchgeführt. Unter den Opfern waren 14 Deutsche. Das terroristische Verbrechen wurde der Al-Qaida zugeschrieben.

Marokko – Marrakesch

Durch das Stadttor Bab Djedid gelangten wir zum **Djemaa el-Fna**, dem großen Platz inmitten der Medina. Von der Dachterrasse eines Cafés direkt neben der kleinen Moschee El Bahja konnten wir das muntere Treiben beobachten.

Djemma el-Fna in Marrakesch

Dieser Platz scheint alle Märchen von Tausendundeiner Nacht auf einmal zu erzählen. Er verkörpert den Höhepunkt des orientalischen Marokkos.

Die Erinnerung an die hier einstmals zur Schau gestellten Köpfe der Enthaupteten ließ mich erschaudern. Jedoch, alles ging sehr friedlich zu; geköpft wurde nicht mehr. Händler boten ihre Waren an. Barbiere, Frisöre und Quacksalber in einer Person, offerierten ihre Dienste. Dentisten präsentierten nicht nur ihre Gerätschaft, sondern auch ausgerissene Zähne als Produkt ihres Könnens und erschreckten damit mehr die von Schmerzen geplagten möglichen Patienten, als diese zur Behandlung zu ermuntern. Wasserverkäufer liefen auf und ab. Schreiber warteten auf Kundschaft. Bettler erhofften ein Almosen. Akrobaten, Musikanten, Tänzer und flötende Schlangenbeschwörer versuchten die Gunst der Touristen aber auch schaulustiger Einheimischer und einige Dirham zu erheischen.

Außerhalb des Platzes ragte das hohe Minarett der Koutoubia Moschee auf. Wir fuhren daran vorbei und reisten über Casablanca, den früheren Sitz des Berberreichs und ehemaligen Stützpunkt der Piraten, weiter zu den Königsstädten Rabat, Meknès und Fes. Unterwegs besuchten wir eine Fantasia, ein Kamelrennen mit peitschenschwingenden Reitern und Salutschüssen für den Sieger.

Von Fes ging es auf abenteuerlicher Fahrt durchs Hinterland am Fuße des immer verschneiten Atlas nach Süden. Die Zedernwälder wichen schon bald zurück, eine sattgrüne und fruchtbare Landschaft machte sich breit. Die Sonne brannte vom Himmel. Kaum war sie verschwunden, ließen die eiskalten Fallwinde einen frösteln. Eine Berberfamilie winkte uns heran und lud in ihrem dürftigen Zelt zur Rast und zum Tee ein. Wir saßen halb drinnen und halb draußen, mit Blick über einen Hain von Dattelpalmen auf eine der zahlreichen Ksar; das sind die aus Stampflehm gebauten Speicherburgen und turmhaften Wohnhäuser.

Das Dorf **Ait Ben Haddou** bestand aus aneinandergereihten und verschachtelten und mit einer Mauer umgebenen Ksar und glich einer wehrhaften Siedlung, die von einer Kasbah, einer Festung überragt wurde.

Auf dem Markt in Beni Mellal erstanden wir frisches Obst, das in großer Fülle angeboten wurde. Mit unserer europäischen Kleidung passten wir so gar nicht in das dortige Menschengewimmel. Überall Männer und Frauen in langen, dunkelfarbigen Gewändern, den Djellabas, unter denen die bunten Barbuschen hervorlugten, und farbenfroh angezogene, mit Schmuck behangene, nicht verschleierte Berberfrauen.

Ksar Ait Ben Haddou

Ein Reiter, mit Burnus und Turban gekleidet, ritt vorbei, ein Gewehr geschultert und einen Krummdolch im Gürtel. Ehrfurchtsvoll wichen die Leute zur Seite.

Über Tafraoute an der Grenze zur Westsahara, Tiznit, Agadir und die Hafenstadt Essaouira erreichten wir nach einer Fahrstrecke von 2.165 km den Ausgangspunkt unserer Rundreise.

Al-Andalus – Alhambra

Siebenhunderteinundachtzig Jahre, von 711 bis 1492, herrschten Araber und Mauren unter dem Kalifat der Umayyaden über große Gebiete Spaniens, die sie Al-Andalus nannten – für uns Andalusien. Lang währte der Kampf der christlichen Königreiche Leon und Kastilien, bis im Zuge der Reconquista Granada als letzte Bastion fiel und die Katholischen Könige die Herrschaft der Iberischen Halbinsel zurückerobern konnten.

Die fremden Herrscher hinterließen großartige Bauwerke, allen voran die **Alhambra in Granada**, was roter Palast bedeutet.

Die Alhambra

Eine Stadtmauer mit wuchtigen Türmen schützte das Innere. Dort befanden sich die Zitadelle, der Alcázar genannte Palast mit dem Thronsaal, dem Löwenhof, dem Königssaal, sowie Gärten und Teiche.

Unmittelbar außerhalb der Mauer schmiegte sich der Generalife, der Sommerpalast mit seinen wie Musik plätschernden Wasserspielen an den bewaldeten Hang.

Ägypten – Nilkreuzfahrt

Luxor

Old Winter Palace Hotel

Unsre Nilkreuzfahrt mit der nostalgischen **MS Tanit** – von Luxor über Edfu nach Assuan, von dort weiter bis Abu Simbel und über Kom Ombo wieder zurück – weckte Erinnerungen an Agatha Christies spannenden Roman ‚Tod auf dem Nil‘.

Nach ausgiebiger Besichtigung der alten Tempel von Karnak und Luxor umfing uns auf dem Schiff das Flair der 1920er Jahre – gusseiserne, mit grüner Ölfarbe gestrichene, schnörkelige Geländer, Kandelaber, Säulen und Fensterrahmen, sowie ein großer, gemütlicher Salon und eine einladende Bar in rot-glänzendem Mahagoni.

Old Winter Palace Hotel in Luxor

Direkt an der Promenade von **Luxor** am Nilufer passierten wir das ehrwürdige, im viktorianischen Stil erbaute **Old Winter Palace Hotel** aus der Kolonialzeit der Briten, dem wir nach der Rückkehr einen Besuch abstatteten.

Das nach dem Gründungsjahr benannte »Restaurant 1886« bot French Cuisine der Extraklasse – ein für jeden Besucher unvergessliches kulinarisches Erlebnis.

Dendera – Hathor-Tempel

Das dreieinhalb Jahrtausende alte Reich der Pharaonen am Nil in Ägypten endete mit dem Selbstmord der Pharaonin **Kleopatra** 30 v. Chr. Wir besuchten sie.

Kleopatra und Caesarion

Auf dem **Hathor-Tempel** in Dendera ist Kleopatra beim Opfer mit ihrem Sohn Caesarion abgebildet – dem Produkt einer leidenschaftlichen wie auch

34

politisch motivierten Liaison mit dem Römer Caesar, der ihre Macht garantierte. Nach dessen meuchlerischen Ermordung durch Brutus hatte sie – vermutlich mit den gleichen Hintergedanken – mit dem Feldherrn Marcus Antonius eine weitere große Liebschaft, aus der sogar drei Kinder hervorgingen.

Brutus – Phantasiezeichnung

Jedoch, sie konnte ihr Reich vor dem Zugriff Roms nicht halten. Als Antonius von seinem Rivalen Octavian in der Schlacht bei Actium besiegt wurde, beging er Selbstmord. Kleopatra folgte ihm – der Legende nach durch den selbst herbeigeführten Biss einer Schlange.

Elizabeth Tylor gab im Film Kleopatra ein Bild von ganz außergewöhnlicher Anmut und Schönheit.

Römische Münzen zeigen von ihr jedoch ein weniger beeindruckendes Aussehen – so auch das nach einer Prägung entstandene Porträt.

Kleopatra

Sinai

Katharinenkloster und Berg Moses

Den **Berg Moses** (arab. Gabal Musa) bestieg ich gemeinsam mit Ludwig aus Thüringen, den ich auf der Nil-Kreuzfahrt kennenlernte. Der nächtliche, 700 m hohe Aufstieg über fast 4.000 in den Fels geschlagene Treppenstufen auf 2.285 m Höhe war zermürbend, der vom zarten Choral japanischer Christen begleitete Sonnenaufgang auf dem „Berg der zehn Gebote" aufwühlend und freudeerregend zugleich.

Katharinenkloster
Rot glühen die Bergrücken aus Porphyr und Rosengranit im Abendlicht

Auf Anregung Helenas, der Mutter Konstantins des Großen, wurde im Hochtal am Fuß des Berges beim biblischen „brennenden Dornbusch" etwa um 330 eine Marienkapelle errichtet. Sie ist jetzt Krypta der darüber gebauten

Basilika des **Katharinenklosters**, das zweihundert Jahre später gegründet wurde und das älteste Kloster der Christen ist.

Die heilige Stätte wird auch von den Juden und Muslimen verehrt, wovon eine kleine Moschee und ein Minarett künden. Ein Mohammed zugeschriebener Schutzbrief hat das Kloster bis heute vor Zerstörungen bewahrt.

Geheimnisvolles Arabien

Tausendundeine Nacht!? Das Fragezeichen ist größer als das Ausrufungszeichen. Denn, die Märchen stammen meist aus Indien und Persien und nur zum geringen Teil aus den Ländern der arabischen Halbinsel. Bei ihrer Übersetzung ins Arabische und in die Sprachen Europas wurden sie mit islamischem Gedankengut angereichert und um phantastische Geschichten ergänzt, wie das Märchen von Scheherazade.

Wie auch immer. Der Besuch der Arabischen Halbinsel oder gar Saudi Arabiens blieb lange ein fast unerfüllter Wunsch. Bis uns eine Golfreise in die **Vereinigten Arabischen Emirate** führte, genauer gesagt nach **Dubai** und **Abu Dhabi**.

Zum Golfen in die Emirate! Nie wäre ich auf eine derartige Schnapsidee gekommen, wäre mir nicht eine Ausschreibung des Magazins ‚Golf & more‘ in die Hände gelangt.

Die Emirate Airline brachte uns zuerst nach Mauritius, das wir von früheren Reisen bereits kannten. Acht Tage Golf standen auf dem Programm auf den Plätzen The Legend und The Links des Hotels Belle Mare Plage.

Daran schlossen sich vier Tage in den Emiraten an, wo wir im Sheraton Jumeirah Beach in Dubai übernachteten.

Ein Gang durch die Altstadt mit dem Gold Souk, dem Palast des Emirs Maktum bin Raschid al Maktum und den vom Wind gekühlten Wohntürmen, eine Fahrt mit einer Abra, einem traditionellen Boot, auf dem Dubai Creek, eine Wüstensafari und schließlich zwei Runden in Dubai auf dem Emirates Course und im Dubai Creek Club, während Irene sich im Burj al Arab verwöhnen ließ, einem an Luxus nicht zu überbietenden Hotel; dann zum Abschluss ein Ausflug nach Abu Dhabi mit einer Turnierrunde auf dem National Course – das war 1001-Nacht in wenigen Tagen.

Clubhaus Dubai Creek – Altstadt von Dubai – Burj al Arab

Perlen der Seidenstraße

Alt-Persien – Nisa

Die Landschaft verschwamm vor den Augen. Der Kreislauf schwächelte. Die Luft flimmerte bei quälender Hitze. Der Wind wirbelte Staubfahnen auf. Der Atem stockte. Die Augen juckten und tränten. Der Schweiß brach aus allen Poren des Körpers. Mit mühsamen Schritten quälten wir uns durch den heißen Sand zu einem rotbraunen Gebilde auf einer Anhöhe – den Mauerresten von **Nisa**, der alten **Hauptstadt der Parther**, den Herrschern des Perserreiches um die Zeitenwende und danach.

Die Ruinen der Tempelfestung Nisa

Fünf Meter dicke Mauern und Türme künden noch heute vom Reichtum, den es im königlichen Palast und heiligen Tempel zu schützen galt. Statuen, Münzen und Siegel wurden gefunden, auch Relieftafeln mit Drachenmotiven und kostbare Trinkgefäße, Rhytons, aus Silber getrieben oder Elfenbein geschnitzt, das seinen Weg aus Afrika oder Indien über die Seidenstraße hierher fand. Nur dort gab es Elefanten.

Der dreiköpfige Drache Zahak ist ein Dämon der altpersischen Mythologie. Im Nationalepos Shahnameh, dem Königsbuch, steht sein Name für die Verkörperung des Bösen, für den Tyrannen aller Tyrannen. In der Apokalypse ereilt ihn sein Schicksal; er wird für alle Zeiten an die Felsen des Damawand gebunden, an den höchsten Berg im Elbrus-Gebirge.

Zahak   Rhyton

Die antiken Großreiche der Perser überdauerten, grob gesehen, drei Epochen. Die Achämeniden waren etwa ab 55o v. Chr. an der Macht, bis der
Grieche Alexander, der Große genannt, ihnen die Welt streitig machte. Nach
dessen Tod errichteten die Parther ein neues Reich, das von den Sassaniden
bis zum Erstarken des Islam fortgeführt wurde. Weit erstreckten sich die
Herrschaftsgebiete, vom Bosporus über Zentralasien bis zum Hindus.

Das alte Nisa liegt im heutigen Turkmenistan, westlich von Aschgabat am
Nordrand des Elbrus. Jenseits des Gebirges befindet sich das persische
Mesched und östlich die von den Mongolen zerstörten Ruinen der Oase
Merw; beides alte Karawanenstädte der Seidenstraße.

Nisibis

Kurz vor dem Ende der Seidenstraße am Mittelmeer lag abseits der Haupt-
route **Nisibis** im antiken Syrien. Die Entfernung nach Mossul im Irak beträgt
250 km und nach Aleppo im Westen 500 km.

Lesen wir, was Ephraim der Syrer, ein Christ, Kirchenlehrer und Schrift-
steller, vor 1.640 Jahren in seinen Versen ‚Carmen Nisibenum‘ schrieb:
„Meine Kinder sind hingeschlachtet, Mauern ihrer Befestigung niedergeris-
sen, zertreten ihre Heiligtümer. Mitten ins Feuer waren die Unglücklichen

40

geworfen. Es schmolzen ihre Leiber und wurden von der Hitze aufgelöst. In Todeszuckungen fiel das Kind von der Mutter, denn es konnte nicht mehr saugen und sie vermochte es nicht mehr zu stillen; sie beide gaben den Geist auf und starben. Tränen in meinen Augen, Wehrufe in meinem Munde, Trübsal in meinem Herzen."

Das sich wiederholende Inferno einer Stadt

Ephraim der Syrer beschrieb das Ende einer von den Parthern belagerten Stadt, in der Hunger, Durst und Not herrschten, Kinder und Erwachsene dahinvegetierten und starben. Er selbst konnte fliehen.

Die ursprünglich syrische Stadt litt unter der Fremdherrschaft der Griechen, Römer, Parther, Sassaniden und Araber. Heute ist die alte Stadt türkisch, heißt **Nusaybin** und das von Ephraim beschriebene Leid ist wieder aktuell. Wieder wird diese Stadt – wie viele andere im Nahen Osten – zerstört und in Brand gesetzt und ihre Bewohner werden geschunden. Türken erschießen Kurden der PKK, Christen werden verfolgt und verlassen die Stadt und die Bedrohung durch den IS rückt näher. Die Glaubenskrieger, die Dschihadisten, haben weite Gebiete jenseits der nahen Grenze erobert.

Usbekistan – Chiwa

Die Karawanenwege der Seidenstraße waren weit verzweigt. Eine nördliche Route führte am Aralsee und dem Kaspischen Meer vorbei nach Eurasien.

In der Nähe des vom Austrocknen bedrohten Aralsees gelangten wir nach langer Nachtfahrt durch die Wüste Kisilkum zur **Oasenstadt Chiwa**.

Chiwa – Festung, Westtor, unvollendets Minarett

Die Strahlen der Morgensonne blendeten. Die vom Wind geformten Wellen der sandigen Landschaft warfen lange Schatten. Ein Juwel einer Stadt lugte daraus hervor, dominiert von einem Minarett, bestückt mit mehreren Medresen, den Koranschulen, mit Moscheen, alten Häusern in kleinen Gassen, einer Karawanserei mit überkuppelten Basar und dem Palast des Emirs.

Hier spielte sich nebeneinander das pralle Leben ab: Residieren und Herrschen, Lehren und Beten, Reisen und Handeln.

„Eine Perle des Orients!" wird die Stadt auf ihrer Internetseite genannt. Umringt wird sie von einer hohen Stadtmauer, durch die mehrere Tore führen, überragt von den Türmen einer gigantischen Festung und durchzogen vom quirligen Leben der Händler und Handwerker. Der Geruch alten Leders, von Holz und Teppichen, Gemüse, Gewürzen und Garküchen mischte sich mit dem von tausenden emsigen Menschen aufgewirbelten Staub.

Vor dem Westtor, durch das wir hinaustraten, stand das Denkmal des **Al-Choresmi** in Bronze gegossen.

Muhammad ibn Musa al-Choresmi, kurz Al-Choresmi

Wir hatten noch nie von ihm gehört, obwohl er den meisten von uns oft großes Kopfzerbrechen bereitet hatte. Er, ein Sohn dieser Stadt, lebte als Astronom und Mathematiker im 9. Jahrhundert, führte die im indischen Rechnen gebräuchliche Zahl Null in das Zahlensystem ein, ersann die Algebra, das Rechnen mit Dezimalstellen und die Rechenschritte des Algorithmus. Was wäre aus der Welt wohl ohne ihn geworden?

Buchara

Buchara gleicht von oben betrachtet einer Sinfonie der Kuppeln. Große bedecken die Gebetsräume der Moscheen, ungezählte kleinere die verzweigten und sich kreuzenden Basarstraßen. Im Inneren herrscht reges orientalisches Treiben. Die Seidenstraße lebt noch immer.

Die Geschichte des alten Buchara reicht zweitausendfünfhundert Jahre zurück. Von den Horden Chingis Khans zerstört, ist sie längst zu neuer Blüte erwacht. Besonders beeindruckten die prächtigen Medresen. Die Perser gaben der Stadt den Beinamen Sherife, die Edle.

Medrese Mir-e Arab und Medrese Kalon

Ein Bauwerk präsentierte sich beeindruckender als das andere, allen voran die **Medrese Mir-e Arab**. Zwei Rundtürme mit türkisfarbenen Kuppeln umrahmten den Prunkvollen Iwan. Davor breitete sich ein großer Platz aus und spiegelbildlich gegenüber erhob sich der **Iwan** der **Medrese Kalon**. Überragt wurde die Szene von deren großen **Minarett**, dem Wahrzeichen der Stadt.

Ob Wahrheit oder Legende: Gesetzesbrecher, Ehebrecherinnen und Andersgläubige sollen von der Brüstung des Minaretts zu Tode gestürzt worden sein, während die schaulustige Meute den Aufprall beklatschte. Was für ein grauenvolles Schauspiel!

Samarkand

„So viel Schönheit, dass man sie nicht beschreiben kann", hielt 1404 Ruy Gonzales de Clavijo, der Botschafter des spanischen Königs, in seinem Tagebuch fest. Und Marco Polo erzählte vom „herrlichen, edlen Samarkand". Die beiden erlagen wie wir und ungezählte andere der Faszination dieser Stadt – eine der ältesten der Erde. Der Registan-Platz mit seinen drei Medresen gilt als einer der prächtigsten Zentralasiens.

Shah-e Sende – Nekropole Kusam-ibn-Abbas

Noch mehr faszinierte uns die **Nekropole** Samarkands mit Namen **Shah-e Sende**, was „Der lebende König" bedeutet. Fast zwanzig sich an Farbenpracht

45

und dekorativen Mustern übertreffende **Mausoleen und Moscheen** flankierten die schmale Gräberstraße am nördlichen Stadtrand bei den Ruinen von Afrasiab, dem antiken Zentrum aus dem 7. Jahrhunderts v. Chr., das wir staunend durchschritten.

Der Legende nach wurde **Kusam-ibn-Abbas**, der Vetter Mohameds, hier auf dem Hügel enthauptet, während er den Islam verbreitete. In seiner Nähe ruhen vor allem die Adeligen aus dem Geschlecht der Timuriden, den Nachfolgern Tamerlans.

Taschkent

In der Hauptstadt Usbekistans besuchten wir das Staatliche Museum der Geschichte des Landes. Die Chefarchäologin führte, von einem Dolmetscher begleitet, durch die Räume und erklärte die Schautafeln. In den Vitrinen fanden wir Artefakte der bereits besuchten Städte Chiwa, Buchara und Samarkand wieder und lernten, dass die Geschichte Usbekistans noch viel weiter bis in die Steinzeit zurückreicht. Zwei Exponate blieben dauerhaft in Erinnerung

Simurgh   Steinbock

Die Jäger folgten in der Frühzeit der Besiedlung den Flüssen Syrdarja, Amudarja und Sarafschan bis zu ihren Quellen in den Bergen, wo sie ihre Spuren hinterließen. Felszeichnungen kannten wir bisher nur von Lascaux in

Frankreich, den Drakensbergen in Südafrika und den Aborigines in Australien. Die hier ausgestellten, mit Stein in den Stein gemeißelten Bilder, so genannte **Petroglyphen**, fand man an den Berghängen des Tian Shan am Rande des Ferghana-Tals. Sie zeigten zum Beispiel Steinböcke, denen nachgestellt wurde.

In einer weiteren Vitrine begegneten wir dem in Brokat gestickten, geheimnisvollen **Vogel Simurgh**, der mit übernatürlichen Kräften ausgestattet ist. Nach der Legende gilt er als Friedensbringer. Sein Bild zierte auch den Iwan der Medrese Madir Devon Begi in Buchara, wie uns in Erinnerung gebracht wurde. Die Usbeken rufen ihn an und bitten ihn, seine Schwingen schützend auszubreiten, um das Unheil von ihnen abzuwenden. Der Glaube an Simurgh ist so tief im Volk verwurzelt, dass er als Symbol in das Staatswappen aufgenommen wurde, da er das ganze Land beschützten soll.

Kasachstan – Türkistan

Es gibt Menschen, die leben tagaus und tagein mit Gott, teilen nicht nur jede Stunde mit ihm, sondern jede Minute und Sekunde ihrer Erdenzeit. **Ahmed Yasawi** war ein solcher Mensch. Wir lernten ihn in **Türkistan** kennen. Schon längst in der Erde zu Staub zerfallen, hinterließen sein Wirken und Handeln Spuren bis heute.

Offenbar wohnte den Menschen in dem weitläufigen, von Steppen durchzogenen Land **Kasachstan** zu allen Zeiten eine besonders große Sehnsucht nach Magie und Spiritualität inne. Sie lauschten den rätselhaften Weissagungen der Schamanen.

Als die Araber die Bevölkerung Zentralasien mit Gewalt zum Islam bekehrten, waren dem gläubigen Ahmed Yasawi die fünf Regeln des Korans zu wenig. Er forderte nicht nur Enthaltsamkeit, sondern die Selbstkasteiung, das Auslöschen der sinnlichen Wahrnehmung und die Hinwendung in reiner Liebe zu Gott. Yasawi lebte diese Haltung vor und suchte als Lehrer, als Hodscha, eine Verbindung zwischen dem Islam und dem Schamanismus der Kasachen herzustellen.

Im Alter zog er sich aufs Land nahe seiner Geburtsstadt zurück. Dort grub er eine unterirdische Höhle, in der er als Einsiedler lebte und bis zu seinem Tod im Jahr 1146 das Einssein mit Gott als mystische Erfahrung suchte – das war sein Weg ins Paradies. Über diese Höhle ließ Amir Timur die **Grabmoschee des Ahmed Yasawi** erbauen, die wir am Stadtrand von Türkistan über einen Fußweg erreichten.

Grabmoschee des Ahmed Yasawi

Man nannte Yasawi einen Sufi und die von ihm praktizierte Lehre Sufismus, die dem Eingeweihten die esoterische, die geheime Wahrheit des Islams offenbarte. „Niemand sollte Gott aus Furcht vor der Hölle oder in Hoffnung auf das Paradies anbeten, sondern einzig und allein aus Liebe zu ihm", lautete ein zentraler Lehrsatz.

Im Inneren der Grabmoschee kamen wir durch eine Tür in die unterirdischen engen Räume, in denen, für uns weltliche Betrachter kaum vorstellbar, ja unfassbar, Hodscha Ahmed Yasawi die letzten Tage und Stunden seines Lebens verbrachte – in völliger Abgeschiedenheit und Einsamkeit, aber in Verbindung mit dem einen Gott, in inniger Liebe zu Allah.

Almaty

Die östlichste Stadt Kasachstan, die wir besuchten, war **Almaty**. Als der Bus auf einer Rundfahrt an einer Kreuzung halten musste, ließ der Reiseführer wissen: „Vor Jahrhunderten kamen hier auf der Tashkentskaya Karawanen vorbei. Wir kreuzen die Nordroute der alten Seidenstraße. Bis China sind es nur noch 300 km, und Chiwa beim Aralsee ist rund 1.300 km entfernt."

Almaty war und ist kulturelles Zentrum Kasachstans mit Universitäten und Hochschulen, einer Oper und einer orthodoxen Kathedrale. Alma bedeutet auf Kasachisch Apfel und die Stadt nennt sich mit Stolz „Stadt der Äpfel". Mehr darüber erfuhren wir auf der Fahrt hinaus und hinauf nach **Medeo**, 1.690 m hoch gelegen, wo im dortigen Natureisstadion Schnelllaufweltrekorde aufgestellt wurden.

Urapfelbaum und Jurte am Eingang zum Kim-Asar-Tal

Am Fuße des immer mit Schnee bedeckten **Alatau** Gebirges, das zu dem gewaltigen Massiv des Tian Shan gehört, hielten wir. Nieselregen und Sonne

49

wechselten sich ab. Eine kasachische Familie erwartete uns in ihrer Jurte. Bier wurde in Glaskrügen gereicht; dazu gab es Teigtaschen, Hammel-Kebab, Pferdewurst und Gemüse. Alles war köstlich. „Oben im Kim-Asar-Tal weiden Wildpferde. Die letzten von ehemals Tausenden. Und am Hang vor der Jurte können Sie sich einen Apfel pflücken. Hier ist die **Heimat des Apfels**. Alle Kulturäpfel der Welt stammen vom **Ur-Apfel Malus sieversii** aus dieser Gegend." Einen pflanzte ich im Golfclub einige Jahre später.

Russland

Der übermächtige Staatsapparat der Sowjetunion, der Eiserne Vorhang, der KGB und auch der Archipel Gulag setzten für mich über Jahrzehnte innere Schranken, die mich daran hinderten, Russlands zu besuchen. Dabei war mir ein Großteil der Literatur von Tolstoi bis Solschenizyn, der klassischen Musik von Tschaikowski über Rimski-Korsakow bis Strawinsky und auch Maler wie Kandinsky oder Chagall wohl vertraut.

Als Pennäler zeichnete ich mit Bleistift, Kohle, und Tinte, malte Aquarelle und bunte Bilder mit Plaka-Farben. Ich blätterte in meinem Fundus und stieß auf ein Porträt mit der Jahreszahl 56, meiner Signatur und auf der Rückseite dem Vermerk „Nach einem Bild von Wassilij Barsoff":

Dostojewski

Der Spieler, Schuld und Sühne und Der Idiot waren seine von mir gelesenen Werke. Manches blieb von dem von **Dostojewski** geschilderten alten Russland. Vieles hat sich jedoch zum Besseren verändert, wie wir schließlich auf einer Reise durch Russland selbst feststellen konnten.

Wir nahmen an einer Flusskreuzfahrt teil, die uns von Moskau über Flüsse, Kanäle und Seen bis nach St. Petersburg führte. Dabei durchfuhren wir die beiden größten Seen Europas mit dem Schiff, den **Onega-See** und den **Ladoga-See**. Wo diese liegen? In Karelien! Die zur Russischen Föderation gehörende selbständige Republik grenzt im Nordosten Russlands an Finnland und reicht hinauf bis zum Nordmeer.

Land war keines zu erkennen, als wir am Morgen schlaftrunken aus dem Fenster unserer Kabine blickten. Ringsum Wasser, nur leichte vom Wind bewegte Wellen, grauweiße Nebelschleier dort am Horizont, wo vielleicht ein Küstenstreifen auftauchen könnte, der Himmel bedeckt, 16 ° C, kein Regen.

Ein nichtssagender Tag? Geduld haben und Warten sowie die Zeit mit Lesen zu verbringen waren angesagt.

Dann ein Sonnenstrahl. Die Wolkendecke riss auf. Auch unsere Gesichter erhellten und die Pupillen weiteten sich, als eine kleine Insel auftauchte. Darauf ein Haus, aus Holz gebaut, ein Baum, ein paar Sträucher und dazwischen eine Kuh. Kein Mensch.

Die Insel verschwand langsam und unsere Blicke begnügten sich wieder mit dem Nichts einer gewaltigen Wasserfläche, streiften darüber hinweg und suchten Halt an den Aufbauten des Schiffes, die im Dahindösen unserer Aufmerksamkeit entglitten.

Erst nach Stunden rissen uns Ausrufe anderer Passagiere aus einer aufgekommenen Teilnahmslosigkeit. Ein grünes Band rückte ins Blickfeld, schon bald größer werdend, eine Insel mit in einer hügeligen Landschaft verstreuten Gehöften, dann einige zu einem Dorf zusammengewürfelte Häuser und schließlich märchenhaft und unwirklich zugleich eine geballte Ladung Zwiebeltürmchen.

Allein vierundzwanzig bauchige Hauben krönten die Christi-Verklärungs-Kirche, weitere zehn die Maria-Schutz-Kirche und alle wurden überragt von einem Kreuz.

Das spitze Zeltdach des Glockenturms daneben hob sich schlicht von diesem Kunstwerk ab.

Kischi Pogost in Karelien

Wir hatten **Kischi** erreicht, das auf der südlichsten Spitze einer Schären-landschaft liegt. Das kleine Holzkirchenensemble wird **Pogost** genannt. Zum Weltkulturerbe auserkoren, gehörte es mit zum Schönsten, was wir auf unserer Reise durch Russland erlebten.

Straßen und Autos gab es auf dieser Insel nicht. Wir wanderten über einen schmalen Feldweg, an Bauernhäusern vorbei hinauf zu den Holzkirchen mit ihren vielen Kuppeln, querten duftende Blumenwiesen und gingen hinunter an das Ufer des Sees zu einem Fischerboot, das gerade festgemacht wurde.

Olga vom Schiffspersonal begegnete uns. Sie hatte Löwenzahnblüten zu einem Kranz gebunden und diesen um ihr Haar gelegt. Sie schien überglücklich, winkte uns zu und ihr strahlendes Lächeln verstärkte auch unsere Fröhlichkeit.

* * *

Panzer und Kanonen vermitteln einen friedlichen Eindruck, wenn sie mit Hauben abgedeckt auf großen Flächen im Freien weit ab von den Kasernen stehen. Ruhendes technisches Gerät, überflüssig in Friedenszeiten, und doch ebenso vorhanden, wie die auf Lafetten liegenden Raketen, die ohne Sprengköpfe mehr auf die Verlegung wartenden Wasserrohren ähneln als teuflischen Waffen; von dem Arsenal an Bombern ganz zu schweigen.

Natürlich sagte uns niemand, wo denn all dieses Kriegsmaterial eingelagert war, als wir auf unserer Runde durch **Moskau** auch den **Roten Platz** querten, auf dem in unserer Erinnerung – unauslöschlich von den Bildern des Fernsehens in unseren Köpfen eingeprägt – ständig einhunderttausend Soldaten aufmarschierten, denen Kolonnen von Panzern, Kanonen und Lafetten folgten, die alle am Lenin-Mausoleum und an den großen Tribünen vor der Mauer des Kremls vorbeizogen, auf der mit Orden dekorierte Politiker, Militärs und der Staatspräsident thronten.

Der Rote Platz

Wir suchten diesen Platz zweimal auf. Die Tribünen waren verschwunden. Einmal war der Rote Platz fast beängstigend menschenleer, ein andermal gefüllt mit fröhlichen Einheimischen, die Bier und Wodka trinkend die Buden der Schausteller eines Volksfestes besuchten, lachten, sangen und im Freien tanzten. Ein hoffentlich lange währendes, friedliches Bild.

Südasien

Indien

Die Menschenmenge war unüberschaubar. Zigtausende strömten herbei, zwängten sich durch die engen Straßen hinunter zum Fluss, zum heiligen Ganges in **Varanasi**, der heiligsten aller heiligen Städte Indiens. Das Prozessionsfest Vasant Panchami wurde gefeiert, zu Ehren Sarasvatis, der Göttin der Gelehrsamkeit und Frau Brahmas, des obersten Gottes der Hindus. Wir, Irene und ich, waren mitten drin. Die Tage zuvor hatten wir in Delhi das Rote Fort der Großmoguln bewundert, in Agra das Grabmonument Taj Mahal und in Rajasthan die sagenhaften Paläste besucht, waren im Hochland des Dekkans, in Mumbai, im Herzen Indiens in Khajuraho und schließlich in den Orten Bodhgaya und Sarnath, in denen Buddha erstmals seine Lehre verkündete. Aber jetzt, hier in Varanasi, waren wir im echten Indien angekommen.

Varanasi – Am großen Ghat

Ghat wurden die weitläufigen, von Tempeln gerahmten Treppen genannt, auf denen die religiösen Rituale vollzogen wurden. Dort saßen die Brahmanen unter weißen und bunten Sonnenschirmen und boten ihre Dienste an, Sadhus, Heilige Männer, bimmelten, beteten und schwenkten Lichterketten, Bettler aus der Kaste der Unberührbaren streckten ihre Hände nach Almosen aus, Pilger stiegen hinunter zum Fluss, um darin zu Baden und ihre Seele von Sünden rein zu waschen, während in Sichtweite Trauernde einen Leichnam verbrannten und noch ein Stück weiter Hippies fixten und ein monotones Gemurmel von sich gaben, das wie "Hare Rama, Hare Krishna" klang. Wir selbst waren ergriffen.

* * *

Die Fürsten Rajasthans hinterließen ein unschätzbares Erbe – große und kleine Paläste, einer schöner als der andere. Ein wahrer Edelstein unter diesen Bauwerken liegt inmitten des **Pichola-Sees**, der **Sommerpalast** des Maharadschas von **Udaipur**.

Sommerpalast im Pichola-See – heute Lake Palace Hotel

Ein Ausläufer des **Aravalli-Gebirges** umrahmt die malerische Szene. Wie ein Krake thront auf einer Felsnase der **Monsun-Palast**. In den dichten Wäldern des Naturschutzgebietes auf dem Höhenrücken lauerten Leoparden auf Beute, während James Bond im Lake Palace bei den Filmaufnahmen von der verführerischen Agentin Octopussy umgarnt wurde. Wir ließen uns bei unserem nachmittäglichen Kurzbesuch vom diensteifrigen Personal des Hotels verwöhnen – zuerst am Swimmingpool und anschließend im Tearoom.

Sri Lanka

Wie eine große Perle liegt die Insel im Indischen Ozean, strahlend schön, seit langer Zeit besiedelt, gehegt, gepflegt und zu kultureller Blüte gebracht von bezaubernden Bewohnern, den Singhalesen, die in häufiger Zwietracht mit den Tamilen im Norden leben, obwohl ihnen kriegerische Handlungen von jeher ein Greul sind. Sie bewirtschaften große Teeplantagen, ernten Rohgummi, Zimt und andere Gewürze, fertigen Textilien und graben ohne Unterlass die schönsten bunten Edelsteinen aus, vor allem Rubine, Saphire, Smaragde und Topase. Singha bedeutet im Sanskrit Löwe; die Singhalesen sind demnach die Löwenmenschen.

Die letzten Ureinwohner von **Sri Lanka**, die sich Veddas, Jäger, nennen, leben in kleinen Gruppen vor den Touristen versteckt in den Regenwälder der Nationalparks. Ein Zusammentreffen war uns, trotz reichlichen Bemühens, nicht möglich.

Zu unserer großen Überraschung jedoch erlebten wir **Elefanten in freier Wildbahn**, die in kleinen Gruppen durch das Buschwerk und von Wasserloch zu Wasserloch zogen.

Wir waren auf dem Weg nach Polonnaruwa, eine der alten Königsstädte, als unser ortskundiger Fahrer in einen Waldweg einbog, der zu einer großen Lichtung an einem Tümpel führte. Wir wollten Eisvögel, Schmetterlinge und Affen beobachten und stießen plötzlich auf Elefanten. Einer der Dickhäuter fühlte sich gestört. Er wiegte unwirrsch den Kopf und kam geradewegs auf uns zu. Der Fahrer lenkte den Wagen vorsichtig weiter – ein äußerst aufregendes Erlebnis.

Eine nicht alltägliche Begegnung

Weniger aufregend aber tief beeindruckend war unser Marsch zur weißen Stupa auf dem Hochplateau von **Mihintale**, der **Ambasthala Dagoba**. Über 1840 Steinstufen kämpften wir uns bei glühender Hitze Meter um Meter bergan, bis wir auf einer von Palmen umstandenen Lichtung jenen sagenumwobenen Ort erreichten, an dem der Königssohn und Mönch Mahinda aus Indien auf Wunsch seines Vaters Ashoka den Herrscher Sri Lankas, König Tissa, und dessen Gefolge im 3. Jahrhundert v. Chr. das Dharma predigte und zum Buddhismus bekehrte. Der Stupa markiert diese Stelle.

Mahinda wurde von seiner Schwester Sanghamitta begleitet. Diese brachte einen Schössling jenes Bodhibaumes mit nach Sri Lanka, unter dem Siddharta Gautama, genannt der Buddha, Erleuchtung erlangte. Dieser Ableger wurde in die königliche Residenz nach Anuradhapura gebracht und dort 249 v. Chr. in die Erde gesetzt. Er ist nachweislich der älteste von Menschenhand gepflanzte Baum der Welt.

57

Weißer Stupa in Mihintale

Ein von diesem heiligen Baum gefallenes Blatt hob ich auf, um es – wieder zuhause – rahmen zu lassen und in meinem Arbeitszimmer aufzuhängen.

Original-Blatt aus Anuradhapura (Scan)

Die Mönche Sri Lankas verbreiteten in den folgenden Jahrhunderten die Lehre Buddhas auf Sumatra und dem indonesischen Archipel, in Thailand, Myanmar, Kambodscha und Laos. Mönche aus Indien brachten schließlich Abschriften der Sutras genannten Verse und den Buddhismus nach Tibet, China und Japan.

Südostasien

Thailand

Wir versuchten bei unseren Aufenthalten den exotischen Zauber Thailands für uns einzufangen – in den Großstädten **Bangkok**, Chiang Mai und Chiang Rai; in den kleinen Dörfern, auf dem Lande, an den Stränden und in den Bergen; in den Tempeln und Klöstern; bei den Mönchen und den verehrten, unzähligen Statuen Buddhas; bei Tanz- und Musikdarbietungen; bei Seidenmalern, Lackschnitzereien und auf den Märkten. Überall bewegten wir uns inmitten der Einheimischen. Wir schlossen Thailand und seine Menschen in unsere Herzen.

Buddha und Garuda vor dem Wat Phra Kaeo in Bangkok

Die Erzählungen der Ramakien spielen im Leben der Thailänder eine zentrale Rolle. Sie gaben dem alten indischen Epos Ramayana einen neuen Namen und ihre eigene Version, indem sie ihre thailändische Lebensweise und

59

Kultur einbrachten und den Göttern und Personen thailändische Namen gaben. Einen besonderen Reiz strahlte das bei den Thailändern beliebte Schattentheater aus. Spät nachts sitzen die Zuschauer im Freien vor einer von hinten beleuchteten Leinwand auf der die Schatten der aus durchscheinenden Leder gefertigten exotischen Gestalten ihr munteres Spiel treiben.

Musikantin

Wir erfreuten uns an thailändischen Tänzen und Theaterszenen, die von der Geschichte des alten Siam und den zentralen Figuren der Ramakien handelten – dem gottgleichen Rama und seiner Sita, von der Entführung der Geliebten, ihrer langjährigen Trennung, der Befreiung und der ersehnten Wiedervereinigung. Musikantinnen untermalten die Aufführung.

* * *

Bei flüchtiger Betrachtung stößt der aufmerksame Besucher Thailands auf eine ganze Reihe von Widersprüchen.

An der Spitze des Königreichs stand zur Zeit unseres ersten Besuches als Staatsoberhaupt König Bhumibol Adulyadej.

Premierminister und damit Regierungschef wurde jedoch Jahre später ein General namens Prayut Chan-o-cha, der mit Hilfe des Militärs die Verfassung außer Kraft setzte. Über Jahrzehnte reihte sich ein Putsch an den anderen und noch immer regiert der General das Land.

Der **Buddhismus**, dem über 90 % der Bevölkerung angehören, prägt sichtbar das Land.

Das **Staatswappen** zeigt jedoch einen **Garuda**, halb Mensch und halb Adler, der in der hinduistischen Mythologie als Reittier Vishnus eine tragende Rolle spielt.

Trotz tiefer Religiosität sind Prostitution und Menschenhandel im großen Stil weit verbreitet.

Und schließlich fällt auf, dass Drogendelikte nicht nur mit Gefängnis, sondern in schweren Fällen mit der Todesstrafe geahndet werden, die Teil der Rechtsprechung ist, während offenbar der großflächige Anbau von Opium durch die Bergvölker im Norden Thailands geduldet wird.

Wir ließen uns davon nicht aus der Ruhe bringen und kauften eine aus Silber von Hand getriebene Opiumpfeife als Erinnerung an eine an Erlebnissen wahrlich volle Reise.

Indonesien

Java

Zweimal landeten wir in Yogyakarta und zweimal musste der Pilot Ausweichmanöver fliegen, da der stets unruhige **Vulkan Merapi** Feuer spukte und Aschewolken ausspie. Unsere Tochter Eva hatte Jahre später ein ebenso unruhiges Erlebnis und aquarellierte diesen Monsterberg.

Merapi

Klangvolle Namen standen auf dem Besuchsprogramm: der hinduistische Shiva-Tempel von Prambanan; der Borobudur, eine der bedeutendsten buddhistische Tempelanlagen der Welt; der Kraton genannte Sultanspalast und eine Tanzschule mit bezaubernd anzusehenden Künstlerinnen.

Die Siedlungsgeschichte Javas reicht weit zurück, wie die Funde des Homo erectus javanicus zeigen, die wir in der prähistorischen Abteilung des Nationalmuseums in Jakarta bei einer späteren Reise bestaunen konnten. Bereits im ersten Jahrtausend bildeten sich Großreiche heraus. Unter diesen breitete sich der Hinduismus und Buddhismus auf den indonesischen Inseln aus – lange vor dem Islam, der ab dem 15. Jahrhundert mit den arabischen Händlern ins Land kam und heute die dominierende Religion darstellt.

Javanische Tänzerin

Großartige kulturelle Denkmäler blieben jedoch auf Java aus der alten Zeit erhalten. Zuerst fuhren wir zur hinduistische Tempelanlage Prambanan. Dort zeugen acht große Schreine von einer die Menschen beherrschenden Glaubensintensität. Heute lebt eine hinduistische Minderheit nur noch auf Bali und Lombok.

Der Weg führte uns weiter zur buddhistische **Stufenpyramide Borobudur**, die wie die Tempel von Prambanan etwa 800 n. Chr. errichtet wurden. Auf einem gewaltigen Sockel von 123 m Seitenlänge erhoben sich fünf Galerien, an deren Wänden Reliefs das Leben und Wirken Buddhas als auch der Rajahs und des Volkes darstellten. Darüber befanden sich drei Terrassen mit sechsundsiebzig kleinen, hohlen Stupas, die jeweils eine Buddha-Statue verbargen. Durch rautenförmige oder quadratische Öffnungen fiel Licht ins Innere und ermöglichten einen Blick auf die Skulpturen. Zwei Stupas waren zerstört. Deren Buddhas standen frei. Und auf der letzten Terrasse erhob sich ein weiterer, großer Stupa himmelwärts – der Stupa der Erleuchtung.

Buddha des Borobudur – Merapi im Hintergrund

Mehrfach wurden die Tempelbauten von Prambanan und Borobudur von der Asche des nahen, immer wieder ausbrechenden Merapi verschüttet. Wir hatten Glück. Die Restaurierungsarbeiten waren gerade beendet.

Sumatra

Die größte der über siebzehntausend Inseln Indonesiens liegt westlich von Malaysia und Singapur, nur durch die häufig von Piraten heimgesuchte Straße von Malakka getrennt; es ist **Sumatra**. Dort galt unser Interesse den Batak – einem alten vor Jahrtausenden aus Süd-China eingewanderten Volk, das seine

64

Ursprünglichkeit bewahren konnte – und dem Urwald dieser Insel, der Lebensraum für selten gewordene Tiere ist.

Tiger, Nashörner und Tapire bekommt kaum einer zu Gesicht. Wir begegneten Rudeln von Languren, Gibbons und Makakken, einem beeindruckenden Nashornvogel und schließlich einem Hominiden, einem **Orang Utan**.

Orang Utan

Dieses Erlebnis erforderte unseren vollen Einsatz. Über Medan im Norden Sumatras reisten wir nach Bukit Lawang, dem Ausgangspunkt für eine Pirsch im Gunung Leuser Nationalpark. Zwei lange Tage quälten wir uns durch den Regenwald, der seinem Namen alle Ehre machte. Die Luft war unangenehm stickig-schwülheiß, nicht nur am Fluss Bohorok, dem wir anfangs folgten. Ein einheimischer Batak begleitete uns auf schmalen Pfaden bei unerträglichen Temperaturen durch die Bergwelt, vom Kopf bis zu den Füßen aus allen Poren unaufhörlich schwitzend. Jeder Schritt wurde zur Qual. Die Begegnung mit Zähne fletschenden, angriffslustigen Makakken und den elegant von Ast zu Ast schwingenden Languren verschafften uns großartige Eindrücke, waren aber erst das Vorspiel.

Am zweiten Tag führte uns ein ortskundiger Ranger noch tiefer in den Regenwald hinein, steil bergauf und weit höher hinauf, bis wir nach langem Marsch so viel an Höhe gewonnen hatten, dass die Wipfel der Bäume wie ein Dach unter uns lagen. Aufmerksam blickten wir in die Runde. Der Ranger erklomm mit uns noch eine weitere Kuppe, die Anspannung stieg, die Augen wanderten über das unendliche Grün, bis wir dem Zeigefinger des Rangers folgend den rot-braunen Fleck in den obersten Astgabeln eines Urwaldriesen entdeckten – ein sich in einem Nest räkelnder Orang-Utan. Einen Baum daneben und ein paar Äste tiefer erspähten wir einen zweiten dieser uns im Verhalten so ähnlichen Affen, der genüsslich baumelnd eine Frucht verspeiste und, als er die ihm Fremden gewahr wurde, argwöhnisch herüber blickte.

Dann ergoss sich ohne Vorwarnung ein Tropenregen über den Wald und uns, die wir voll des Herzens den Rückmarsch antraten.

Tags darauf reisten wir weiter nach Tanah, in das **Land der Batak**, die am Ufer des Tobasees und auf der Insel Samosir siedeln. Ein Schamane, den sie Datu nannten, erzählte aus der Geschichte dieses jahrtausendealten Volkes, von ihren Hochzeits- und Begräbnisriten, der Gerichtsbarkeit und der Ahnenverehrung. Beschwörend rammte er einen Zeremonienstab vor uns in den Boden, um Kontakt mit den Vorfahren aufzunehmen, während er vortrug. Geschäftstüchtig holte er einen zweiten aus seiner Hütte, den er mir verkaufte.

Köpfe am Zeremonienstab und Grabmal der Batak

Das für mich besondere daran war die Darstellung der Ahnen auf diesem Stab, die lange Nasen und Ohren, ein martialisches Kinn, leicht mandelförmige Augen und auf dem Kopf einen Büschel Affenhaare hatten. Ihr Gesichtsausdruck erinnerte an die Moais der Osterinsel.

Am Nachmittag des gleichen Tages besuchten wir die Nekropole der Rajahs der Batak aus vergangener Zeit im Dorf Tomok. Dort sahen wir steinerne Sarkophage, die an der Stirnseite mit großen Köpfen verziert waren, welche ähnliche Merkmale wie die Köpfe des Zeremonienstabes aufwiesen.

Jahre später fanden wir heraus, dass die Batak auf Sumatra in Ihrer DNA Merkmale tragen, die mit jenen der Polynesier in der Südsee identisch sind.

Sulawesi

Die in ihren Umrissen einem Skorpion gleichende Insel Sulawesi offenbarte sich für uns als die ursprünglichste des Indonesischen Archipels. Wir begegneten alten Volksgruppen, den Bugis an der Küste und den Torajas im Landesinneren, durchquerten mit Reisterrassen bestellte Täler, erklommen Bergrücken, wanderten durch dichte Regenwälder und Bambushaine, besuchten mehrere Dörfer und durften familiären Festen, religiösen Zeremonien und einem Totenritual beiwohnen.

Die **Torajas** hoffen auf ein Weiterleben im Jenseits, im Puya, wohin ihre Seele wandert. Sie balsamieren ihre Toten ein und vollziehen kostspielige **Begräbnisfeiern** auf dem Rante, einem eigens dafür hergerichteten Platz.

Ein derartiges Ereignis konnten wir in dem Dorf Londa selbst miterleben. Hunderte Gäste nahmen daran teil, die – wie auch wir – Geschenke mitbrachten; das konnten Büffel, Schweine, Hühner, Palmwein oder schlicht Zigaretten sein.

Je höher das Ansehen des Verstorbenen ist, umso mehr Wasserbüffel werden geschlachtet, deren Hörner anschließend den Stützmasten des Hauses des Spenders zieren.

Drei Büffel wurden an Nasenringen herbeigeführt und vor der Gästetribüne, auf der auch wir uns befanden, angebunden. Schicksalsergeben warteten sie auf den Schlächter, der ihnen mit einem Schwert vor den Augen aller den Hals aufschnitt.

Weißer Wasserbüffel vor den Sippenhäusern der Torajas

Das eigentliche Begräbnis war reine Familienangelegenheit. Auf unseren Fahrten konnten wir jedoch die unterschiedlichsten Arten der Bestattung beobachten. Wir sahen Särge, die in Höhlen standen oder unter überstehenden Felswänden hingen. In einer Nekropole waren mehrere Nischen in luftiger Höhe in eine steile Wand getrieben, in denen die Toten in Tüchern gehüllt oder in Särgen ruhten. Davor standen naturgetreue Nachbildungen der Verstorbenen. Sie wurden Tau-Tau genannt und galten als Mittler zwischen den Seelen der Verstorbenen und ihren Nachkommen.

Schauder erregte uns nahe der Ortschaft Kambira. Über einen Pfad gelangten wir durch ein aus dem Fels geschlagenes Tor hinunter in eine mit knorrigen Bäumen und Bambus bestandene Senke. Der Wind spielte mit den Blättern. Vögel zwitscherten. Ein junger Mann hielt seine weinende Frau fest an sich gedrückt in seinen Armen. Beide schauten mit traurigen Blicken an einem **Baum mit Grabnischen** nach oben.

Sie schluchzten und weinten, als sie sich zur Seite wandten und auf dem Pfad an uns vorbei zum Steintor zurückgingen.

Baumgräber von verstorbenen Neugeborenen

Die Torajas wickeln ein verstorbenes Baby in Tücher, schlagen eine Nische in alte Bäume, legen das Bündel hinein und verschließen die Wunde des Baumes mit einem Bastgeflecht. Auf diese Weise geben die Torajas ihre Babys, die gelebt haben, aber sterben bevor sie die ersten Milchzähne zeigen, an die Natur zurück, damit sie mit ihr und in ihr weiterleben.

Bali

Diese zauberhafte Insel erlebten wir glücklicherweise viele Jahre vor dem großen Touristenansturm. Bali, die Insel der Götter. Der Zwiespalt zwischen dem Sieg des Guten und dem Weiterbestehen des Bösen spiegelt den Alltag. Die Götter thronen auf den Bergen und die Dämonen lauern in den Wäldern und am Meeresgrund. Kein Balinese versäumt deshalb das tägliche Opfer zu Ehren der Götter und zur Besänftigung der Dämonen.

Tanahlot heißt ein Tempel auf einem winzigen Felsen vor der Küste in der Brandung des Ozeans. Ein Kleinod, das zu Fuß nur bei Ebbe erreicht werden kann, was uns nicht vergönnt war. Neben einer kleinen Halle reckten sich die pagodenartigen Türme, die Merus, in die Höhe, die, jeder für sich, den Weltenberg als Zentrum des Universums symbolisieren.

Der Meerestempel Tanahlot

Das im Fels sich sammelnde Regenwasser entspringt einer Quelle am Fuße der Insel. Ein Sonnenschirm spendet dort dem Priester Schatten für sein tägliches Gebet.

Auf einer Kuppe am Strand verfolgten wir den Untergang der Sonne. Langsam näherte sie sich dem Horizont. Sie wurde größer und größer und ihr goldener Glanz wich einem glühenden Rot. Die Brechung des Lichts in den feinen Wasserbläschen der feuchten Luft über der See wirkte wie ein Vergrößerungsglas, das einen im Ozean versinkenden riesigen Feuerball hervorzauberte.

Den Höhepunkt unseres Aufenthalts erlebten wir im **Pura Besakih**, dem größten und heiligsten Tempel, in dem die hinduistischen Götter Brahma, Shiva und Vishnu ebenso verehrt wurden, wie der Sonnengott Surya. Bei Vollmond im vierten Monat des Jahres ziehen die Rajahs mit ihrem Gefolge hinauf zum Muttertempel an den Hängen des **Gunung Agung**, des größten Berges der Insel und Sitz der Götter. Und am Tag darauf folgt ihnen die Bevölkerung zu Tausenden in einer nicht endenden Prozession. Wir waren darunter und die einzigen Fremden, die den Zeremonien des Besakih-Festes beiwohnen durften. Dank einer kleinen Spende erhielten wir von einem Brahmanen der Prinzessin des Rajah-Klans von Karangasem hierzu die Erlaubnis.

Tempel der Trinität und Drei-Flügel-Portal des Pura Besakih

Auf den Stufen des Tempels der Trinität von Brahma, Shiva und Vishnu stand ein Priester. Er hielt eine Schüssel mit Quellwasser des heiligen Berges in seinen Händen, segnete dieses und besprengte die Gläubigen, die zu seinen Füssen knieten. Dann nahm er eine zweite Schüssel, die Reis enthielt, segnete auch diesen, gab jedem davon einige Körner auf die Hand, die zum Mund geführt wurde, um den Reis andächtig zu sich zu nehmen und zu schlucken, was die Gläubigen von ihren Sünden befreite und wieder rein machte. Ein Ritus, der in ähnlicher Form den Christen nicht unbekannt ist.

Dewi, eine Tour-Guide auf Bali, klärte mich über die farbigen Schirme auf: Schwarz symbolisierte Vishnu, den Bewahrer; rot Brahma, den Schöpfer; weiß und gelb Shiva, den Zerstörer und Erneuerer zugleich, der auch der Gott des Todes sein kann. In diesem Fall steht weiß für verheiratete und gelb für nicht verheiratete Verstorbene.

Singapur

Stadt der Löwen bedeutet ihr Name. Der Stadtstaat liegt auf mehreren Inseln am äußersten Ende der malaiischen Halbinsel und ist Drehscheibe für Geschäftsleute und Touristen und ein bedeutender Finanzplatz Asiens.

Zweifel kommen auf, ob sich jemals ein Löwe in diese Gegend verirrte oder gar eine Meerjungfrau aus den Fluten zu den Bewohnern empor stieg. Beide haben jedoch ihren Niederschlag im Wahrzeichen der Stadt gefunden, dem **Merlion**, der wasserspeiend am Ufer des Singapur-River steht.

Am Kai vor dem alten, chinesischen Viertel dümpelten Sampans im trüben Wasser des Stadthafens, das so ganz im Gegensatz zu den sonst so picobello gesäuberten Straßen stand. Vereinzelt noch schossen Hochhäuser bei unserem ersten Besuch in den Himmel. Inzwischen bilden sie eine gewaltige Wolkenkratzerkulisse.

Wir lieben die Stadt als Zwischenstation nach Asien, Australien oder sonst wohin, auch wenn alle Lebendigen geschröpft werden, da den Toten das Geld nicht mehr genommen werden kann. Ein Glas Bier unter 10 € muss man suchen, auch ein Glas Wein unter 12 €. Also zahlen, um die Dehydrierung zu vermeiden. Was Mineralwasser kostete, haben wir verdrängt.

Merlionbrunnen in Singapur

Hongkong

Als wir zum ersten Mal Hongkong besuchten, das war 1980, gehörte die asiatische Metropole noch zum British Empire. Wir landeten damals, nach einem rasanten Sinkflug mit sich anschließender und den Atem raubender Steilkurve nur knapp über den Hochhausspitzen, auf dem alten Flughafen Kai Tak. Von dort kommend, querten wir die **Halbinsel Kowloon**, das geschäftliche Herz der Stadt, dessen Skyline den Besucher auf den ersten Blick an New Yorks Manhattan erinnert.

Ein Gang durch die lebhaften Straßen verwischte diesen Gedanken jedoch schnell. Große Einkaufspassagen und tausende kleine Geschäfte mit meist rätselhaften chinesischen Schriftzeichen, nur ab und an Tafeln in Englisch. Überall ein großes Gewimmel der Menschenmassen. Nachts ein Leuchten und Blinken der Neonlichter: Restaurants, Bars und Banken machten auf sich aufmerksam, Duty Free Shops mit Céline Paris dazwischen, Chinese Arts & Crafts und Shops für Jade und Perlen tauchten gleich mehrfach auf. Auch Damen der Freude boten ihre Massage-Dienste in bunten Farben an, stationär als auch besuchsweise, wie Lily verriet. Eine Gespielin hielt sich für ‚Best in Town' und offerierte ‚Oriental and European'.

Hongkong – Kowloon

Alt und Neu lagen dicht beieinander. Vom Fenster unseres Hotels auf der Insel Victoria blickten wir hinüber auf die rasante Hochhauskulisse von Kowloon. Davor schipperten nicht nur moderne Yachten und Fähren vorbei, sondern auch kleine und größere Dschunken wie aus einer fernen und fremden Welt.

Mit dem Bus umrundeten wir die Insel, die jetzt offiziell Hong Kong Island heißt. Der Beach Club in der Repulse Bay hätte mit seinem rosa farbigen Anstrich auch in Beverly Hills stehen können. Am Ende der Bucht bestaunten hunderte Besucher in einem chinesischen Garten die Statuen von Tin Hau und

Kwun Yam, obwohl zumindest die Ausländer, und das waren die meisten, nie von diesen beiden gehört hatten, auch wir nicht. Es waren die daoistische Himmelskönigin und die Göttin der Barmherzigkeit, wie Wikipedia Jahrzehnte später verriet.

Von der Bucht der Reichen nur wenige Minuten entfernt, befand sich der alte Fischereihafen, der von größeren Schiffen zum Schutz vor Taifunen aufgesucht wird. Tausende Sampans, zum Hausboot umgebaut, lagen dort aneinander festgezurrt vor Anker und bildeten eine schwimmende Stadt. Schreiende Kinder, kläffende Hunde, flatternde Wäsche, qualmende Kochstellen auf den Decks, ein undefinierbarer Gestank des als Kloake dienenden Wassers, zum Geschrei anschwellende Unterhaltung von Reling zu Reling und dazwischen Marktfrauen, die auf ihren Booten Gemüse, Fleisch und Fisch anboten.

Nur einen Steinwurf daneben lagen exklusive, schwimmende Restaurants, gebaut im Stil alter chinesischer Paläste. Das Tourist Office von Honkong verklärte das Schauspiel schlicht mit ,Dschunkenstadt in Fernostromantik'.

Das ursprüngliche Hongkongs erlebten wir in den New Territories, dem Hinterland Hongkongs, wo Landwirtschaft betrieben wird und alte Ortschaften erhalten blieben. Wir kamen bis zum so genannten Bambusvorhang, der Grenze zu China bei Lok Ma Chau, die wir Jahre später von Kanton kommend, jetzt Guangzhou genannt, mit der Eisenbahn überfuhren.

Auf der Rückfahrt wurde das **Dorf Kam Tin** zum bleibenden Erlebnis. Eine geschlossene Mauer umgab den Ort aus dem 14. Jahrhundert. Dort lebten Familien der **Hakkas**, das sind vor langer Zeit eingewanderte Han-Chinesen. Alle Häuser, zu sehr schmalen, langen, schattigen Gassen aufgereiht, waren aus schwarz-grau lasierten Klinkersteinen erbaut. Wir trennten uns von der Gruppe.

In einem Hauseingang lehnte ein alter Mann, ganz in Schwarz gekleidet, mit einem für die Sippe typischen Käppi auf dem Kopf, unter dem die zu einem Zopf gebundenen Haare ebenso weiß hervorstachen, wie der lange Oberlippenbart.

Mit leicht erhobener Kamera und einem fragenden Blick bat ich, von ihm ein Foto machen zu dürfen. Er werte ab. Mit blitzenden Augen betrachtete er meine Frau, winkte sie heran, postierte sie neben sich und gab lächelnd ein Zeichen der Bereitschaft für eine Aufnahme zu zweit. Ich zögerte nicht lange und bedankte mich mit mehrfachem Nicken des Kopfes, worauf er uns mit ausholender Handbewegung aufforderte, ihm zu folgen. Er öffnete die Tür seines Hauses und bat herein.

Im Dorf Kam Tin

Ein kleiner Raum umfing uns, nur von einigen Kerzen erhellt. Auf einer dunkelroten Lackkommode stand ein Hausaltar. Kleine Statuen und ein Straß Kunstblumen waren zu erkennen; Darüber ein Bild. War auch ein Buddha dabei? Ich erinnere mich nicht.

Rauch stieg in unsere Nasen. Nach der Ursache suchend, blickte ich mich um. Eine alte Dame, seine Frau, saß vor einer Flechtwand auf dem Sofa, das mit kleinen Spitzendeckchen verziert war. Ihr Gesicht war faltig und verhärmt. Sie mag gerade von der Feldarbeit zurückgekommen sein, hatte ihren Strohhut noch auf und rauchte eine Pfeife mit einem kleinen Kopf und langen, dünnen Stiel. Eine Opiumpfeife? Wir wagten nicht zu fragen.

Eine Kanne mit Tee stand bereit. Die Frau goss zwei Tässchen voll. Wir bedienten uns. Eine Unterhaltung war nicht möglich. Des Englischen waren beide nicht mächtig. Wieder nickte ich als Ausdruck des Dankes mehrfach mit dem Kopf; meine Frau ebenso. Von Eindrücken erfüllt, gingen wir zum Bus zurück.

Philippinen

„Ist hier noch Fasching?" Der staunende Ausruf meiner Frau beschrieb das bunte Treiben in den Straßen **Manilas** treffend. „Nein", gab ich zurück, „das ist kein Karnevals-umzug. Die fahren hier das ganze Jahr mit verrückt bemalten Autos." GOOD LUCK, FOR FUN, MAKE A RIDE DARLING, NO FEAR, LOVE IN MIND und ENJOY waren die Aufschriften auf den **Jeepneys**, die mir in Erinnerung blieben.

Präsident Marcos war noch an der Macht beim ersten Besuch. Sicherheit auf den Straßen auch bei Nacht war das einzig Positive an dem sonst korrupten Diktator, dessen Frau Imelda einen verschwenderischen Lebensstil führte und offen zur Schau stellte.

Villen als Mausoleen bestaunten wir auf dem Friedhof der Chinesen; daneben boten die Altstadt und Slumviertel als Kontrast ein erbärmliches Bild.

Fleißige Menschen auf dem Land und die Schönheit der Natur prägten meine Erinnerungen deutlicher als das städtische Geschehen. Wir fuhren zuerst hinaus in den Süden der Insel Luzon zum Taal-See, einem mit Regenwasser vollgelaufenen Krater eines Vulkans, der mit der Spitze aus dem See ragte und immer wieder die Erde beben lässt.

Von dort ging die Reise weiter durch dichten Regenwald zu den spektakulären Wasserfällen von Pagsanjan, die nur mit dem Kanu flussaufwärts und über kleinere Katarakte zu erreichen waren. Stürmische Winde zogen vom Ostchinesischen Meer auf, zerstäubten den Wasserfall und ergossen diesen wie eine Brause über die Kanus und uns. Ein kurzer aber kräftiger Tropenregen tat ein Übriges. Völlig durchnässt kamen wir spät abends ins Hotel in Manila zurück.

Jeepneys

Einen Tag später machten wir uns auf den Weg zu den Reisbauern im Norden. Reich bestellte landwirtschaftliche Felder und Gärten umringten die Dörfer und Wohnhäuser. Diese wurden von wolkenbekränzten Bergen überragt. An ihren Hängen schmiegten sich wie Kunstwerke gestaltete **Reisterrassen**, die sich bis in die Täler hineinwandten.

Eine Frau stand winkend vor einem Haus. Sie wollte uns mit Stolz den fast fertigen Neubau zeigen, den sie und ihre Mann gemeinsam aus Bambusstämmen, Schilfrohr und Bastmatten errichtet hatten. Zum Schutz vor Überschwemmungen stand das Gebäude auf Stelzen.

Reisterrassen bei Banaue

Über eine Leiter gelangten wir in die beiden Innenräume. Der eine diente mit Kochstelle als Ess- und Wohnzimmer, der andere als Schlafraum. Sie lud zum Tee ein, was wir erfreut annahmen.

Beim Abschied deutete Sie mit der Hand hinaus aufs Feld. Dort sahen wir ihren Mann bei der Arbeit. Er pflügte mit vorgespanntem Wasserbüffel. Zwei Kinder hüteten Enten in der Nähe – ihre Kinder.

Als Dank für ihre Gastfreundschaft drückte ich ihr beim Abschied ein Bündel Philippinische Pfunde in die Hand, das etwa 10 DM entsprach. „For the kids", raunte ich ihr zu. Sie verstand die Geste. Mit einem Lächeln nahm sie das Geld entgegen.

Ostasien – China

Die Ufer des Baikalsees schimmerten im Licht des frühen Morgens bei unserer Anreise nach China. Kurz darauf zeigte sich die Wüste Gobi grau und trist. Dann ging ein Raunen durch die Reihen der Maschine. Die **Chinesische Mauer** tauchte auf, jenes monumentale Bauwerk, das einst zur Abwehr der Hunnen errichtet wurde und als einziges sogar aus dem Weltraum zu erkennen ist.

Wan Li Chang Cheng – Mauer der 10.000 Li

Natürlich fuhren wir hinaus zu diesem 6.000 km langen Bollwerk. Wir stiegen hinauf, wanderten ein langes Stück bergauf und bergab, bewunderten dieses Meisterwerk der Architektur mit seinen Wehrtürmen, wie auch wir Europäer von der ebenfalls anwesenden chinesischen Jugend bewundert wurden, besonders von den chinesischen Teenagern, wegen unserer langen Nasen, und ich wegen meiner blauen Augen und blonden Haare. Langnasen werden wir im Volksmund genannt oder Fischaugen – so wie wir sie als Schlitzaugen bezeichnen. Tapfer stand ich mehrfach auf Wunsch Modell für ein Foto, allein oder eingerahmt von freundlichen Jugendlichen.

Nach ihrem Verständnis leben die Chinesen im Reich der Mitte oder im Reich unter dem Himmel – kein Wunder bei der Größe ihres Landes. Wir reisten drei Wochen durch China, waren im Osten, in der Mitte und im Süden unterwegs und legten 4.600 km mit Flugzeug, Bahn, Schiff und Bus zurück. Auf Peking, der großen Mauer und den Ming-Gräbern folgte ein Höhepunkt auf den anderen: Xian mit dem Grab des ersten Chin-Kaisers und den 6.000 Terrakottafiguren am Gelben Fluss; Luoyang, Longmen und Dengfen mit der Höhlenlandschaft der 100.000 Buddha-Statuen und dem Kung-Fu-Kloster Shaolin; Nanking am Jangtsekiang; Yangzhou und Suzhou am Kaiserkanal mit Marco Polos Spuren und berühmten chinesischen Gärten; Hangzhou am Westsee; die Weltstadt Shanghai; Guilin am Li-Fluss mit den Karsthügeln; die Handelsstadt Kanton, die heute Guangzhou heißt, und schließlich Hongkong als Abschluss.

Garten l. des Verweilens und r. des bescheidenen Beamten

Die chinesischen Gärten hatten es uns besonders angetan. Sie trugen klangvolle Namen, wie Garten der Harmonie, des Verweilen, der azurblauen Welle, der Wonne und des bescheidenen Beamten. In den Teichen tummelten sich Goldfische und monsterhafte Kois, die ständig nach Luft schnappten. Eigenartige Zick-Zack-Brücken überspannten plätschernde Bäche, die den bösen Geistern ebenso den Weg versperren sollten wie rund Tore. Beschnittene Bäume und Büsche waren eingetaucht in ein unerschöpfliches Meer aus Blüten und farbigen Pflanzen. Das war Gartenkultur in künstlerisch vollendetem Stil. Die Kompositionen drückten das konfuzianische Streben nach Harmonie, Edlem und höchster Vollendung aus, wie auch nach Harmonie zwischen Mensch und Natur im Sinne des Feng-Shui.

Japan

Abseits der Touristenpfade ist Japan eine Welt für sich. Hotels im westlichen Standard, Deutsch oder Englisch sprechende Reiseleiter, überquellende Millionenstädte, der Fuji inmitten lieblicher Landschaften, Buddha-Tempel, Shinto-Schreine, Torii und weitere kulturelle Highlights von Kirschblüten umrahmt, das versprechen die Prospekte.

Aber wie ist Japan wirklich? Zur Vorbereitung einer zweiwöchigen Geschäftsreise nahm ich Kontakt mit dem Liaison Office in Tokio auf, der offiziellen staatlichen Stelle, die in allen Fragen behilflich ist und Verbindungen auf allen Ebenen der Wirtschaft herstellt. Und in der Tat, beim Abflug war mein Kalender gefüllt mit Terminen mit der Geschäftsleitung sämtlichen Firmen der Elektrotechnik, die ich zu besuchen wünschte. Bekannte Namen waren darunter, wie Toshiba, Sony, Sharp, National und Panasonic, aber auch weniger bekannte Produzenten mit nur regionaler Bedeutung, die jedoch für mein Anliegen wichtig waren.

Ich reiste von Tokio über Kawasaki, Yokohama und Nagoya bis Osaka im Süden des Landes und gönnte mir eine Fahrt im Shinkansen mit kurzem Aufenthalt am **Fujiyama** als auch einen Besuch der alten Kaiserstädte Kyoto und Nara am freien Wochenende.

Torii, Shinto-Schrein und Kirschblüten beim Mt. Fuji

Wer als Alleinreisender weder die Sprache und Schrift des Landes beherrscht, noch die kulturellen Eigenheiten kennt, kommt leicht in Schwierigkeiten. Für das Grobe wurden mir jedoch mehrfach dankbarer Weise persönliche Begleiter zur Seite gestellt. Fahrer mit Schirmmütze und weißen Handschuhen holten mich in den Hotels ab.

Der stets sehr förmlichen Begrüßung bei der Ankunft mit mehr oder minder starker Verbeugung des Oberkörpers folgte ein verwirrender Austausch von Visitenkarten nicht nur zwischen mir und meinem Gastgeber, sondern seitens aller Beteiligten, die mir ihre Hände entgegenstreckten. Dann saß ich mit meinem Elektronikingenieur, der mit mir reiste, meist zehn bis fünfzehn Japanern gegenüber, einem bei uns unüblichen Verhältnis.

Die Geschäftswelt Japans ist eine reine Männerwelt. In den mehr als zehn großen Gesprächsrunden hatten wir nur Männer als Partner. Frauen waren dazu bestimmt, mit Tee oder Kaffee zu bedienen und gelegentlich einen kleinen Imbiss zu reichen. Sie kamen zu zweit oder zu viert, nahmen an der Tür

Aufstellung und verbeugten sich tief, bevor sie servierten. Wenn sie damit fertig waren oder abräumten, entfernten sie sich mit Trippelschritten rückwärtsgehend bis zur Tür, wo sie sich wieder verbeugten und erst dann hinausgingen.

Japan nennt sich gern das Land der aufgehenden Sonne. In der Auffassung der Japaner stammt der Tenno von der Sonnenkönigin Amaterasu ab. Auf Grund dieses „göttlichen Ursprungs" wird der „Himmelskönig" hoch verehrt. Er gilt als unnahbar und unantastbar.

Das soziale Zusammenleben der Japaner baut auf dieser Überzeugung und der Lehre des Konfuzius auf, welche ihre Wertvorstellungen, ihren Verhaltenskodex und ihre Grundregeln des Handelns bestimmen; das sind die Achtung des Alters, Höflichkeit, Bescheidenheit, Einordnung und Unterordnung in der Gemeinschaft des Volkes, der sie beschäftigenden Firma oder Gruppe und der Familie. In dieser haben die Männer das Sagen, nicht die Frauen, auch wenn sich die jüngeren versuchen zu emanzipieren.

Auf einem der geschäftlichen Treffen bat mich eine Sekretärin zum Tee mit dem CEO, dem Chief Executive Officer, dem Vorstandvorsitzenden. Dieser öffnete mir die Augen durch sein detailliertes Wissen über meine bereits erledigten und die noch ausstehenden Termine, die erörterten Punkte und die getroffenen Vereinbarungen. Ich erfuhr, dass alle japanischen Stellen ihre Treffen mit internationalen Partnern und die Gesprächsinhalte an MITI melden, das Ministery of International Trade & Industry, das wiederum das gesammelte Wissen an die Beteiligten weitergibt. Kurz gesagt: Ich wurde geheimdienstlich überwacht.

Der CEO, ein im Vergleich zu mir damals alter Mann, meinte es gut mit mir und mahnte mich indirekt zur Vorsicht. Meine Sicht auf Japan hat sich von diesem Augenblick an fundamental verändert – sie wurde kritischer.

Taiwan

Die portugiesischen Seefahrer nannten die Insel Formosa, die Schöne. Der chinesische Marschall Chiang Kai-shek errichtete auf ihr die Republik China, die wir Taiwan nennen und die bei meinem Besuch in den 1980-er Jahren von

Diktatur und Autorität strotzte, obwohl sie sich demokratisch gab. Was ich dort erlebte, mag unglaublich klingen, ist aber wahr.

Zur Erweiterung der Geschäftsbeziehungen in Fernost und Australien vereinbarte ich ein Treffen mit der Geschäftsleitung eines Elektrokonzerns in Taipeh. Ein Chauffeur mit Mütze und weißen Handschuhen holte meinen mich begleitenden Elektronikingenieur und mich vom Hotel mit einer Lincoln Luxus-Limousine ab, fuhr mit Sirengeheul quer durch die Stadt und hielt vor dem Hauptportal, wo uns der Leiter des Exports in Empfang nahm, durch den Ausstellungsraum führte und zur Chefetage in das Büro des CEO begleitete, das in Größe und Ausstattung mehr einem kaiserlichen Audienzsaal glich. Dort wurde nach kurzem Warten von einem Diener in Livree nach dreimaligem Klopfen mit einem mit Silber beschlagenen Stab zuerst „The Vice President Mister Lee Junior" angekündigt und einige Minuten später „The President Mister Lee Senior".

Der große Boss, ein älteres Männchen, ließ sich an einer Wand des Büros vor dem Firmenlogo mit mir fotografieren und verschwand mit der Bitte, Grüße an meinen CEO zu bestellen, worauf der Vice an einen runden Tisch in einer Nische des riesigen Büros bat und zum Essen einlud. Sechs Plätze waren eingedeckt. Wir waren zu Fünft. Der Stuhl des Seniors blieb leer. Diesem wurde in Abwesenheit mit dem ersten Schluck warmen und süßen Reiswein nach einem Trinkspruch des Juniors zugeprostet. „Das kann ja heiter werden", raunte ich meinem Begleiter zu.

In China muss man sich auf exotische Speisen gefasst machen. Alles was fliegt, kriecht oder schwimmt kommt in den Wok, kleine Vögel, Schlangen und Schildkröten. Von derlei Außergewöhnlichem wurden wir verschont, wenngleich „betrunkene" Krabben mit Quallenkraut und süß-sauer eingelegte Schwimmhäute der Entenfüße schon eine kulinarische Herausforderung darstellten. Die knusprig gebratene Ente brachte schließlich die Erlösung. Ein Gang folgte dem nächsten. Dazwischen sprachen wir beherzt über das Geschäft, benannten Produkte, die ein Miteinander ermöglichen sollten, erörterten technische Details, verhandelten Preise und Abnahmemengen.

Minuten und Stunden vergingen und der Junior beruhigte mich, als ich nervös auf die Uhr blickte. „Wir haben noch viel Zeit", meinte er. „Unsere Maschine nach Hongkong geht in fünfundvierzig Minuten", gab ich ihm zu verstehen. „Keine Panik", warf er ein und gab dem Service einen Wink, den nächsten Gang hereinzutragen, nach dessen Verzehr weiterdiskutiert wurde. Dies wiederholte sich mehrfach, für ihn in einer gemütlichen Langsamkeit, die meinem Begleiter und mir den letzten Nerv raubte. Schließlich erzielten wir Übereinkunft, schüttelten uns die Hände und tranken gemeinsam, mit einem Kanpai, einem Prost, auf den Lippen einen scharfen Schnaps.

Der Junior hob die Tafel auf und begleitete uns bis zu dem vor dem Portal wartenden Lincoln. Auch er bat, Grüße an unseren CEO zu bestellen.

Als der Lincoln sich in Bewegung setzte, zeigte die Uhr unsere Abflugzeit an. Ohne es zu wissen, da wir uns in Taipeh nicht auskannten, machte der Fahrer einen ihm vermutlich angewiesenen Umweg, hielt kurz am Chiang Kai-shek Memorial, das hinter einem monumentalen Eingangsportal versteckt war, dann nochmals am National Palace Museum, das angeblich über mehr chinesische Kunstschätze als China verfügt, und passierte mit einem Fingerzeig das luxuriöse Grand Hotel, an dem die großen Familien des Landes beteiligt sein sollen.

Chiang Kai-shek Memorial

Dann ließ er die Sirene aufheulen und raste mit hoher Geschwindigkeit hinaus zum Flughafen, am Hauptgebäude vorbei, durch ein von Polizisten bewachtes seitliches Eisentor, das diese eilig öffneten, und hinaus zur Rollbahn, auf der die von uns gebuchte Maschine der China Air wartend stand.

Zwei Plätze in der ersten Reihe waren für uns reserviert. Wir stiegen ohne Pass- und Zollformalitäten ein, während das Gepäck rasch verstaut wurde. Das Flugzeug hob mit einer Verspätung von fünfundvierzig Minuten ab – dank geheimer und mächtiger Kräfte mit uns an Bord.

Australien

Uluru

Im roten Herzen Australiens erhebt sich inmitten einer unendlichen Einsamkeit und Stille ein großer Felsblock, der **Ayers Rock** – eine zum Touristenmagnet gewordene heilige Stätte der Ureinwohner. Für die **Aborigines,** die sich selbst **Anangu**, Menschen, nennen, ist der Berg ein Symbol ihres Schöpfungsmythos. Er heißt in ihrer Sprache **Uluru**.

Als die Anangu vor etwa fünfzigtausend Jahren über die Torres-Straße auf den fernen Kontinent einwanderten, stießen sie nach und nach bis in die zentralen Wüstengebiete vor. Nach ihren Legenden formte die Regenbogenschlange Berge und Täler, ließ regnen, spannte über die Erde den Regenbogen und schuf die für das Überleben notwendigen Wasserlöcher; sie gilt als Symbol der Fruchtbarkeit und als Beschützer der Anangu wie auch aller anderen Stämme.

Scharfblättrige Spinifexgräser, deren Grün zu schwinden begann, reckten sich gelblich verblasst vor dem Uluru in die Höhe. Dazwischen standen eingestreut kleinblättrige, dornige Büsche und ein paar Eukalyptusbäume. Der Berg selbst war zerklüftet und rau.

Wir wanderten zuerst an der Basis auf dem Mala Trail, auf dem wir Wohnhöhlen mit Felsmalereien entdeckten. Einen Vogel konnte ich erkennen, eine Schlange und eine Spirale, die an die sich drehende Urwelt, an die Welt vor unserer Zeit erinnerte. Dann schlossen wir uns einem Guide der Anangu an.

Unter einem wilden, zottigen Haarschopf und buschig bestandenen Augen-wülsten lugten warme braune Augen hervor. Sein Alter war schwer einzu-schätzen – die dunkle grau-braune Haut, die breite Nase und die vernarbten dicken Wangen machten ihn zum Greis, der er noch nicht war.

Anangu und Woma Python vor dem Uluru

Er führte uns zuerst zu einem geheimnisvoll im Fels versteckten Wasser-loch und deutete an einem Überhang einige Symbole der Felsmalereien: drei Kreise ineinander stellten einen Baum dar, eine Kreisfläche ganz aus Punkten ein Wasserloch und ein doppelter Pfeil wies auf einen Pfad der Kängurus hin. Von dort war es nicht weit auf dem Kunija Trail zu einer magischen Stelle im Südwesten des Uluru. Hier wohnt der Woma Python, meinte er, eine ge-streifte braune Schlange. Sie trägt ihre Eier schützend wie eine Kette um den Hals. Zum Glück begegneten wir auf dieser Tour keiner Python oder anderen giftigen und gefährlichen Tieren, wie Skorpionen und Spinnen, die dort reich-lich vorkommen.

88

Sydney

In Sydney wohnten wir auf „The Rocks", dem ältesten Viertel der Stadt mit Kopfsteinpflastern in verwinkelten Straßen, zu Kneipen, Läden und Wohnungen umgebauten Lagerhäusern, und einem Hotel mit Tiefgarage für unseren 4WD SUV auf dem höchsten Punkt.

Gleich nach der Ankunft lümmelten wir uns mit einem Bier in der Hand in einen Liegestuhl am Pool auf der Dachterrasse. Das **Opernhaus**, die **Pier** mit den Kreuzfahrtschiffen, die **Skyline** der Stadt und – auf der anderen Seite – die Harbour Bridge mit ihren ausladenden Stahlbögen waren greifbar nahe.

Abendstimmung in Sydney

Wir plauderten ausgelassen, kamen ins Schwärmen und dösten dazwischen vor uns hin.

Im Stadtplan suchte ich nach dem mir von Lizie vom Tourist Office empfohlenen Pub für das erste oder letzte Bier am Abend, den Italiener beim Rocks Market und dem Jazz Studio im Souterrain eines der Hochhäuser.

Immer wieder fesselte mich der Blick auf die elegant geschwungene Bogenbrücke, die von den Einheimischen abwertend als Coathanger, Kleiderbügel, bezeichnet wird.

„Schau mal", Irene deutete mit dem Zeigefinger hinüber zur Oper. Aus ihren Türen quollen die Besucher in Massen hervor. Sie ließen sich während der Aufführungspause auf den Stufen der Freitreppe nieder und bevölkerten den Vorplatz. Mit ihren ausladenden Segeldächern und dem Menschengewimmel davor glich das Ganze einer schwangeren Auster beim Laichen.

Dieser Gedanke ließ mich nochmals zum Stadtplan greifen. Irgendwo hatte ich Oyster Bar gelesen. Ich fand sie wieder, nicht weit entfernt von den Anlegestellen der Fähren am Circular Quay, dem Schiff am Overseas Terminal gegenüber.

Ich blickte über die Brüstung der Dachterrasse. Die Sonne begann zu versinken. Lichter gingen an. Die weißen Segel der Oper schimmerten plötzlich blau und die Hochhäuser glichen einem Farbkasten. Schräg unter uns konnte ich am letzten Haus vor der Oper eine Leuchtschrift entziffern: Sydney Cove Oyster Bar. Wir spazierten gemütlich hinüber, kehrten dort zum ersten Abendessen ein und bestellten als Vorspeise Pazifische Felsenaustern.

Tage später wanderten wir auf den Spuren Charles Darwins auf einem nach ihm benannten Trail zu den Wentworth Falls in den Blue Mountains – einer Landschaft von einzigartiger Gleichförmigkeit. Hervorgerufen durch die den Blättern ungezählter Eukalyptusbäume entströmenden ätherischen Öle, in denen sich die Sonne brach, lag über allem ein fast unwirklicher Schimmer, der den Blue Mountains ihren Namen gab. Wir blieben einige Tage, bevor wir von dort noch in den Süden bis Melbourne und in die nahen Weinberge reisten. Dann brachen wir zu neuen Abenteuern auf.

Cape Tribulation

Nirgendwo in der Welt liegen Ursprünglichkeit, Anmut und Tristesse so hautnah beieinander wie an der Nordostküste Australiens beim Cape Tribulation.

Wir machten zuerst Station in dem Urwald-Resort Kewara Beach bei Cairns und erkundeten die melancholisch auf uns einwirkenden **Atherton Tablelands**, wo der schwermütige Song „Waltzing Matilda" seine Geburtsstunde hatte. Kein Walzer versteckt sich hinter diesem Lied. Ein hungriger Busch-läufer und Wanderarbeiter hatte auf der Waltz ein Lamm gestohlen. Als er von dem Farmer entdeckt wurde, stürzte er sich in einem Wasserloch zu Tode, um der Lynchjustiz zu entgehen. Das ist der Inhalt des Gesangs.

Wir zogen weiter nach Port Douglas. Lebensgefährliche Seewespen, das sind hochgiftige Quallen, vermiesten uns das Baden an einem Traumstrand des **Great Barrier Reefs**. Also fuhren wir mit dem Boot hinaus zu einer der Inseln, stürzten uns mit Schnorchel und Brille ausgerüstet ins Wasser und be-wunderten die Vielfalt der Korallengebilde, die einzeln und in Schwärmen zwischen ihnen schwimmenden bunten Fische, Seeigel, Seesterne, Schwämme, Seeanemonen, Meeresschildkröten, Seeblumen und den in den Wellen sich wiegenden Seetang. Anmut und Grazie wohin wir blickten, beim Tauchgang in der Tiefe jedes Mal noch eindrucksvoller fesselnd, bis wir zum Luftschnappen wieder auftauchen mussten. Das Gefühl glückseliger Erfül-lung umfing uns im Einssein mit der Natur.

Im nahen Mossman Gorge, einer Schlucht im tropischen Regenwald, hatten wir ersten Kontakt mit der absoluten Wildnis. Einzig und allein ein paar Hin-weisschilder auf einem Trampelpfad sollten zur Beruhigung der mutigen Wanderer beitragen; taten dies aber nicht. Erst als uns ein Pärchen fröhlich lachend entgegenkam und wissen ließ, dass es bis zum Ende des Weges nur noch etwa eine Stunde sei – und das Ende war unser Anfang – liefen wir mutig weiter.

Diese Erfahrung steigerte unsere Abenteuerlust. Wir brachen auf, um die Welt dort zu entdecken, wo zwei Naturparadiese und Weltnaturerbe der UN-ESCO aufeinanderstoßen, das Great Barrier Reef und der **Daintree National-park**, der älteste tropische Regenwald auf unserer Erde. Im Ort Daintree setz-ten wir mit der Fähre über den gleichnamigen Fluss. Nur wenige Kilometer weiter parkten wir erstmals den Wagen und stiegen hinauf zum Alexandra Lookout. Der Rundblick ließ erahnen, was uns an diesem Tag noch erwartete. Ringsum Wald, Regenwald, nassfeuchter Urwald, undurchdringlich und ein-hundertfünfunddreißig Millionen Jahre alt. Diese urzeitliche Landschaft ver-strömte bereits von oben betrachtet einen kaum fassbaren Zauber.

Im Südosten waren die letzten Schleifen des Daintree Rivers zu erkennen, der sich von den Sedimenten der nahen Berge und verwitterten Pflanzen grün-braun gefärbt in den Pazifik ergoss. Nicht weit von der Mündung entfernt schäumten die Wellen das Meer am Black Rock Riff. Dahinter breitete sich türkisgrün bis dunkelblau umspült das größte Korallenriff der Erde aus.

Auf der Landkarte waren drei Boardwalks eingezeichnet, mit Holzblanken belegte Pfade zur Erkundung des tropischen Waldes. Sie trugen Namen der Aborigines vom Stamm der Kuku Yalanji, die in den Orten Mossman, Daintree und verstreut im Regenwald lebten: Jindalba, Marrdja und Dubuji, was Fuß des Berges, Dschungel und Wohnung der Seele bedeutete. Auf der Suche nach ihnen fuhren wir die Cape Road weiter Richtung Norden. Menschenleere Einsamkeit übertraf hier die wenigen letzten Spuren der Zivilisation. Hunderte Kilometer Strand lagen gefangen zwischen dichtem Regenwald und dem Pazifik, ein verloren wirkender Winkel der Weltgeschichte.

Mehrfach verließen wir die Straße und wagten uns auf dem Marrdja Boardwalk und auf schmalen Trampelpfaden hinein in das beängstigende Dickicht des Regenwaldes und abwechselnd hinunter an den Strand, zuerst an der Cow Bay, dann beim Cooper Creek und schließlich beim Noah Creek. Für Augenblicke herrschte Totenstille, die urplötzlich vom Geschrei, Gezwitscher und Geschnatter der Vogelwelt unterbrochen wurde. Unser Kommen ließ sie für Augenblicke ängstlich erstarren, um unvermittelt wieder in ihre gewohnte Lebendigkeit zurückzufallen. An bemoosten Baumriesen kletterten Lianen empor. Farnbäume erreichten die Höhe der danebenstehenden Palmen. Mangroven bildeten Füßen gleichende Setzwurzeln im Brackwasser, als wollten sie diesem entfliehen. Frösche quakten, Libellen schwirrten, Schmetterlinge flatterten und Orchideen wurzelten in den Astgabeln größerer Bäume.

Wer sich hinein wagt in diese wilde Einsamkeit, sollte auf der Hut sein. Überall lauern Gefahren. Nicht alle Schlangen und Spinnen sind giftig, doch wenn sie es sind, wirkt ihr Biss tödlich.

Noch unangenehmer können die „Salzigen", die Salties werden, die gefräßigen Salzwasserkrokodile, vor denen immer wieder Hinweisschilder warnten. Zwei entdeckten wir am gegenüberliegenden Ufer eines Creeks mit zum Hecheln aufgerissenen Mäulern. Wer ihnen so nahe kommt, dass er ihre Augen und Nasenlöcher an der Oberfläche eines Tümpels erspäht, und mehr ist von ihnen meist nie zu sehen, der hat bereits verspielt. Pfeilschnell springen sie ihr Opfer an, beißen sich fest, drehen sich rasend schnell wie eine Schiffsschraube und reißen riesige Stücke aus dem gepackten Körper. Ein Mensch ist ihnen hoffnungslos verloren.

Wir wateten am Strand des Myall Beach. Unsere Fußabdrücke waren die einzigen weit und breit, denn niemand außer uns war hier. Nichts war mehr zu sehen, was auf die menschliche Zivilisation hingedeutet hätte. Wir waren allein mit der Natur, die nur Tag und Nacht kannte und von dem die Menschen quälenden Phänomen der Zeit nichts wusste. Trotz des Alleinseins bedrückte die Einsamkeit nicht. Einzig ein verlassenes und halbversunkenes Boot in Strandnähe einer Landzunge erinnerte an die menschliche Existenz auf diesem Planeten und erregte Aufmerksamkeit und Nachdenklichkeit.

Am Cape Tribulation

Friedlich lag die See vor uns. Keine Welle hob oder senkte die Wasserfläche, die einem Spiegel glich und doch trügerisch gefährlich war. Captain James Cook rammte hier 1770 mit seiner Endeavour ein Riff. Das Schiff schlug leck. In seinem Logbuch gab er der Stelle den Namen Cape Tribulation, Kap des Übels, des Unglücks, des Kummers. Das Great Barrier Reef wurde ihm zum Schicksalsriff.

Wie mag es ihm, dem meist erfahrenen Seefahrer seiner Zeit, ergangen sein? Hatte er gespürt, dass man nur so lange Erfolg hat, bis er einen verlässt?

Es kostete uns Mühe, den Entschluss zur Umkehr zu fassen und uns von diesem Ort loszureißen, an dem die Zeit stillzustehend schien, und dies seit Millionen von Jahren. Schließlich fuhren wir zurück, hielten jedoch zur „blauen Stunde" Einkehr in CJ's Bar & Grill am Thornton Beach. Bei einem frisch gezapften Forsters Bier kreisten unsere Gedanken nochmals um die außergewöhnlichen Erlebnisse an diesem einmaligen Fleck der Erde und – angesichts des von Wellen umspülten Struck Reefs – auch um die nachdenklich stimmende Bedrohung und Zerstörung des fragilen Ökosystems des Great Barrier Reefs durch die Verschmutzung mit Müll, durch havarierte Transportschiffe und Öltanker und durch die fortschreitende Erderwärmung.

Pazifik

Gesellschaftsinseln

Die polynesischen Inseln im Herzen der Südsee haben klangvolle Namen – Tahiti, Moorea, Raiatea, Huahine und Bora Bora. Der Tourismus boomt und doch haben die ländlichen Bewohner ihr naturverbundenes Leben bewahrt. Sie bauen Feldfrüchte für den Eigenbedarf an, vermarkten in größerem Stil Vanille und die Früchte der Südseepalmen, fahren mit Auslegerboten hinaus zum Fischfang und tauchen nach Perlen, von denen die Schwarze Tahiti-Perle Weltruhm erlangte.

Die Sonne steht zur Jahreswende fast senkrecht. Wir reisten deshalb im August, dem Monat mit den geringsten Niederschlägen und mäßiger Luftfeuchtigkeit. Wie nah wir dort dem Äquator waren, zeigte der abendliche Untergang der Sonne. Sie verschwand langsam wie ein großer Feuerball.

Sonnenuntergang im Stillen Ozean

Als Pennäler stand ich erstmals im Haus der Kunst in München vor einem Gemälde von **Paul Gaugin**. Weitere sah ich in den Museen von Paris und New York und die meisten zeigten Motive aus der Südsee, der Wahlheimat des Künstlers – Frauen in verführerischen Posen und oft mit schwermütigem Gesichtsausdruck. Auf **Tahiti** zog es uns unweigerlich in den Süden der Insel, wohin Gauguin sich zurückzog, um zu leben, zu lieben und zu malen. Das Bild Vahine no te Tiare, Frau mit Blume, entstand hier in seinem Bambushaus, das jetzt Museum ist. Ob das Modell auch seine Geliebte war, ist nicht überliefert. Anders bei dem Gemälde Te Nave Nave Fenua, Herrliches Land, das Teha'amana zeigt, die seine erste Frau wurde. Diese beiden Werke inspirierten mich zu einer eigenen Gengenüberstellung der beiden Vahine.

Frau mit Blume und Teha'amana

Das Restaurant beim Museum wurde von zwei Polynesierinnen geführt. Die ältere, die Mutter, war an Leibesfülle nicht zu überbieten. Sie hieß uns mit klarer, runder Stimme willkommen: „Maeva". Ihre großen, sanften Augen und ihr Lächeln waren unwiderstehlich, ihre hellbraune Haut zart und rein. Ihre weichen, fülligen Konturen hatte sie in einen mehrfarbigen Pareu gehüllt, ein für Tahiti typisches Wickeltuch, und ihr Haar auf dem Kopf zusammengebunden.

Die Tochter führte uns mit einem „ia orana", einem Hallo, an einen Tisch. Sie war das Gegenstück zu ihrer Mutter: groß, schlank, wohlgeformt, mit makellosem Teint und offenen, langen schwarzen Haaren – eine Schönheit mit betörend erotischer Ausstrahlung.

Nach diesen Begegnungen und ein paar launisch gewechselten Worten über die Köstlichkeiten der Küche, das Wetter, die schöne Lage des Restaurants am Strand des Pazifiks und die paradiesische Ruhe ringsum und verzaubert vom Charme der beiden, konnten wir verstehen, warum Paul Gauguin sich im Süden Tahitis so wohl fühlte.

* * *

Von den fünf besuchten Inseln war sie für uns ‚Die Schöne', **Bora Bora**, was auf Polynesisch ‚neu geboren' bedeutet. Und so fühlten wir uns nach einigen Tagen des Aufenthalts auf diesem paradiesischen Eiland.

Auf Moorea hatte uns die Polynesierin Poema sehr anschaulich den großen Marae erklärt, den Kultplatz für die spirituellen Zeremonien. Dort standen ein den Göttern und Ahnen geweihter Altar, der Ahu, ein Opfertisch, auf dem noch Früchte lagen und ein paar Federn eines Huhnes. Lange, gezackte Bretter waren in den Boden gerammt. Sie sollten Verbindung mit den Ahnen herstellen, die angerufen werden, um die Lebenskraft, das Mana zu stärken. „Und der große steinerne Ti'i", fragte ich. „Der beschützt seit Generationen den Marae und die Bewohner des Dorfes", erklärte Poema.

Vergleichbar gut erhaltene Tempelstätten gab es auf Bora Bora nicht mehr. Wir verbrachten die Zeit deshalb weitgehend in der Lagune, welche die große Insel mit ihrem hoch aufragenden **Mt. Otemanu** umgibt. In ihr liegt der große Reiz dieses Inselparadieses. Weiter draußen umringen kleine, flache, von Palmen bestandene Atolle, die Motus, wie eine Perlenkette die große Insel.

Bei den ufernahen Korallenbänken bestaunten wir die bunte Unterwasserwelt. Wir plantschten auf der Oberfläche, während schwarzgelb gestreifte Skalare, türkiesfarbige Kaiserfische und schwarze Drücker vor unseren Augen tanzten.

Die Welt über und unter Wasser vor dem Mt. Otemanu auf Bora Bora

Im Hotel kümmerte sich Moana liebevoll um uns – am Tag im Grillrestaurant am Pool und am Abend in der Bar. Ihren roten Pareu hatte sie stets so gebunden, dass die Schultern frei waren. Ihre Haut war makellos und die leichte Fülle des Körpers stand ihr gut. Ihr offener und doch melancholischer Blick verriet, dass hier das Leben in einer für den fremden Besucher scheinbar glückseligen Welt offenbar mit einem Hauch Schwermut ertragen wird – Ausdruck der Jahrhunderte langen Abgeschiedenheit und Einsamkeit eines Inselvolkes.

Auf Empfehlung Moanas nahmen wir an einer Inselumrundung teil, die mit einem ‚Shark and ray feeding‘ verbunden war – eine aufregende Geschichte. Der Steuermann eines Auslegerbootes, Henri, brachte uns und weitere fünf Ehepaare ganz in den Süden des Archipels, wo er beim großen Riff den Anker warf. Schneller als zu vermuten tauchten Riffhaie auf, die an den schwarzen Spitzen der Flossen zu erkennen waren. Henri warf Fischstücke außerhalb des Auslegers, die von den Haien rasch geschnappt wurden. Wir, die Bootsinsassen, überwanden den inneren Schweinehund, sprangen ins Wasser zwischen Boot und Ausleger und verfolgten mit Taucherbrille das fast unbeschreibliche Schauspiel. Zugegeben, wir hatten Angst vor den wild durcheinander schwimmenden Haien, diese aber auch vor den vierundzwanzig strampelnden Beinen.

Henri manövrierte anschließend das Boot weit in den Norden der Insel zum Motu Tevairoa an eine seichte Stelle, an der auf dem Grund dunkle Stellen schimmerten. Als er ins Wasser sprang, kam Bewegung in die Flecken. Kleine Rochen schwirrten auf, die er fütterte. „Sie haben keine Stachel“, rief Henri beruhigend und alle folgten ihm. Das Erlebnis war weniger abenteuerlich, aber genauso unglaublich wie das Schwimmen und Tauchen in der Nähe der Haie. Die Rochen umringten und befühlten jeden einzelnen von uns, wie auch wir dies mit ihnen taten.

Die Leichtigkeit des Seins unter Palmen am Strand, die Melancholie der Inselbewohner und die bewegenden Erlebnisse inmitten einer unverbrauchten Natur ließen die Welt hier paradiesisch erscheinen und die Betriebsamkeit der eigenen Welt daheim für Stunden und Tage in Vergessenheit geraten.

Neuseeland

Aotearoa, **Land der großen weißen Wolke**, nannten die polynesischen Entdecker die Inseln, die wir als Neuseeland kennen. Ihre Urheimat, das geheimnisvolle Hawaiki wird in der südasiatischen Inselwelt vermutet, von wo aus sie zuerst bis Tonga und Samoa vorstießen. Jahrhunderte später erreichten die Polynesier die Marquesas und von dort zuerst die Osterinseln, dann Hawaii und Tahiti mit den Gesellschaftsinseln und zuletzt Neuseeland. Sie kamen mit besegelten Kanus, meist Doppelrumpfbooten, navigierten nach der Sonne und den Sternen, der Dünung und den Wellen. Der Legende nach banden sie auch trächtige Meeresschildkröten an langen Leinen vor den Bug. Diese suchten nach jeder Paarung zielstrebig ihren eigenen Geburtsstrand auf. Schwamm die Schildkröte in die von den Polynesiern auserkorene Richtung, war die Entdeckung einer neuen Insel sicher.

In Whakarewarewa bei Roturua, einem Dorf der Maori inmitten von Thermalquellen, nahmen wir an einer Vorführung ritueller Tänze im Versammlungshaus teil. Der Dorfälteste begrüßte uns mit einem traditionellen Hongi, indem er eine Hand auf unsere Schulter legte und seine Nase ganz sanft zweimal an unsere drückte. Sein Gesicht war tätowiert und die Mundwinkel waren spiegelbildlich von Spiralen eingerahmt. Wir hatten eine persönliche Führung erbeten, die zu unserer Überraschung nicht er, sondern eine Frau namens Katahi übernahm. Von ihr stammt unser Wissen über die Geschichte der Maori, ihre Kultur und Bräuche, die Bedeutung der Priesterschaft und die Fehden der sich bis heute bekämpfenden Stämme. Die Thermalquellen mit kochendem Wasser, die wir gemeinsam umrundeten, die farbigen Schlammpools, die Sinterterrassen und die Fontänen und Dampfstöße der Geysire fesselten uns, noch mehr jedoch die Schilderungen Katahis.

Die Gesichter und Körper der Maoris auf Neuseeland erzählen in Nadelstichen geschriebene Geschichten. Koru heißt das beliebteste Tätowier-Symbol, wie es auch der Clan-Chef trug – eine sich zur Spirale entpuppende Knospe, die sich langsam zum Wedel des Silberfarns öffnet. Sehr beliebt sind auch die **Tatoos** von Schildkröten, die für Langlebigkeit, Fruchtbarkeit und Frieden stehen, und das Hei Matau, ein Angelhaken als Symbol einer sicheren Reise und starker Manneskraft. Aus Jade oder Tierknochen geschnitzt, werden diese Symbole auch am Hals als Schmuck getragen.

100

Koru   Honu Whenua   Hei Matau

Von allen Ländern, die wir auf den Kontinenten der Erde bereisten, war keines landschaftlich so vielfältig wie Neuseeland – Südseeflair im Norden, mit Schnee und Eis bedeckte Alpen und tiefe Fjorde im Süden, dazwischen Regenwälder, aktive Vulkane, große und kleine Seen und Flüsse, hügeliges Weideland und ausgedehnte Flächen für Ackerbau, bewaldete Mittelgebirge, der Sonne zugewandte Weinberge, und alles umgeben vom Pazifik im Osten und der Tasmansee im Westen, deren Wellen lange Sandstrände und schroffe Küsten formten.

Zu den bleibenden Erlebnissen gehörte der Besuch des **Milford Sounds** im Süden der Südinsel. Schon die Anreise war eindrucksvoll. Vom Te Anau See ging es hinauf auf 1.000 m zum Homer Tunnel; von dort über Serpentinen hinunter zum Fjord mit seiner spektakulären Natur.

Hier trafen Regenwald und Gletscherwelt in Sichtweite aufeinander. Südbuchen, Bäume des Silberfarns und Drachenbäume standen am Ufersaum dicht beieinander. Von steilen Felswänden stürzten rechts und links des Sounds mehrere Wasserfälle in die Tiefe und dahinter bildeten der einer Bischofsmütze gleichende Mitre Peak sowie der Mount Pembroke und Mount Tutoko mit dazwischen eingeschlossenen Gletschern ein atemraubendes Panorama. Weit draußen im Westen öffnete sich der Fjord hin zur Tasmansee. Dort konnten wir Pelz-Robben und Pinguine auf den Klippen beobachten. Delfine begleiteten das Schiff, mit dem wir eine Runde drehten und wie zum Abschiedsgruß bliesen Buckelwale hohe Fontänen, bevor sie mit der Fluke auf das Wasser schlugen und in die Tiefe des Meeres verschwanden.

101

Am Milford Sound

Hawaii

Meiner zweiten Reiseerzählung, die ich 2005 veröffentlichte, gab ich den Titel ‚Mein Traum vom Paradies duftet nach Plumeria - Hawaii‘. Wo wir auch hinkamen, standen Frangipanibäume in voller Blüte und verbreiteten süßen, betörenden Geruch. Wir besuchten mehrfach die vier großen Inseln Big Island, Maui, Oahu und Kauai, es mögen sieben oder gar acht Reisen gewesen sein, und kauften vor dem Abflug zur Erinnerung und als Begleiter für die Zeit bis zum nächsten Wiederkommen jeweils ein Fläschchen Parfüm oder Cologne Spray mit dem wohligen Geruch der Plumeria.

Einer unserer Lieblingsplätze auf Maui ist die Napili Bay, versteckt im Westen gelegen, gesäumt von Ferienhäusern und kleinen Hotels, die nicht höher als die Palmen gebaut wurden, fast privat und doch zugänglich. Das schmale Kap zur Linken versinkt nach wenigen Metern im Meer und bildet von den Wellen umspülte Riffe, die unter dem Wasserspiegel von Korallen besetzt sind. Schnorcheln wird hier zum großen Erlebnis, das Auftauchen eines großmäuligen Groupers flößt überflüssige Angst ein, denn er ist friedfertig. Die Vielfalt der bunten Fische erfreute jedes Mal aufs Neue und die Krönung für mich war die Begegnung mit einem Humuhumu-nukunuku-apua'a. Wer ihn einmal gesehen hat, der kann sich auch diesen schwierigen Namen merken.

Direkt in der Nachbarschaft spielte ich eine Rund Golf auf dem Kapalua Bay Course. Der damalige Präsident der USA, Barack Obama, soll in den Ferien auf diesem Platz auch seine Schläger schwingen, sagte mir mein Flight-Partner.

Barack Obama

Das spornte mich an, Farbstift und Pinsel zu ergreifen. Na ja, einen Versuch war das Porträt wert.

Immer wieder besuchten wir ‚unsere' Highlights auf den Inseln von Hawaii – die Napali Küste und den Shipwreck Beach auf Kauai, die Hanauma Bay und das Waimea Tal auf Oahu, die bereits erwähnte Napili Bay und den

Highway to Heaven auf Maui und schließlich auf Big Island die Anaehoo-malu Bay bei unserem Lieblingshotel Waikoloa Beach Resort, nicht weit davon entfernt die Hapuna Bay und schließlich die alte **Kultstätte** der Polynesier **Pu'uhonua o Honaunau** im National Historical Park.

Pu'uhonua o Honaunau

Hier versammelten sich in früheren Zeiten die Stammesfürsten, die Ali'i, erließen Gesetze, benannten die Verbote, die Tabus, sprachen Recht, und berieten über Krieg und Frieden unter verfeindeten Clans.

In dem großen **Tempel**, dem **Hale o Keawe Heiau**, ruhen die Gebeine von mehr als zwanzig Häuptlingen. Davor und an den Seiten stehen fratzenhafte Gestalten, die **Tikis**, die den heiligen Bezirk bewachen. Himmelwärts recken sich mit Schnitzwerk verzierte Pfähle wie Antennen, als wollten die Hawaii-aner Verbindung mit ihren Göttern aufnehmen.

Ganz in der Nähe, auf der anderen Seite der kleinen, felsigen Kealakekua-Bucht, erinnert eine weiße Steinsäule an ein großes Drama. Captain James Cook, der große Entdecker hatte 1778 als erster Europäer die Inseln Hawaiis betreten und für die englische Krone in Besitz genommen. Als bei einem erneuten Besuch des Archipels im Jahr darauf der Fockmast im Sturm brach und die Mannschaft an Land musste, brach Streit mit den Inselbewohnern aus, in dessen Verlauf Captain James Cook erschlagen wurde.

Nord- und Mittelamerika

Kanada

Die Jagdgründe der **Black Foot Indianer** erstreckten sich einst zwischen dem Saskatchewan und dem Bow River im Westen Kanadas und den Plains in Montana am Fuße der Rocky Mountains. Noch heute leben sie dort in Reservaten. Die Stämme der Kainai und Piikani besannen sich auf ihre Wurzeln und begannen vor Jahren mit der Zucht von Bisons, ihrer einstigen Lebensgrundlage. Einen Teil der Tiere vermarkten sie und die in den Prärien grasenden Herden stärken ihr Selbstbewusstsein.

Bisons vor den Rocky Mountains in Alberta

Domestizieren lassen sich die Bisons nicht. Das erfuhren wir in Kanada auf einer Tour durch **Alberta und British Columbia,** wo wir auf ein Zusammentreffen mit Indianern und **Bisons** auf einer Farm hofften. Dieser unser amerikanischer Traum ging nicht in Erfüllung. Die Bisons waren nur wenige Tage vor unserem Eintreffen ausgebrochen. Romantische Stunden am Lagerfeuer nach einem Ritt durch das Weideland bei der Herde waren uns nicht vergönnt. Die auf breiter Front niedergetrampelten Zäune erinnerten daran, dass Bisons wilde, unzähmbare Tiere sind und bleiben. Nur aus weiter Ferne konnten wir einige von ihnen beobachten.

Unsere Route verlief zuerst nördlich über Banff und Lake Louise bis Jasper, dann vorbei am Mount Robson südwestlich auf dem längst zum Highway ausgebauten Trail des Klondike-Goldrauschs in entgegengesetzter Richtung bis Vancouver.

Emerald Lake im Yoho-Nationalpark

Zwei Abstecher prägten die bleibende Erinnerung; zuerst jener zum **Emerald Lake,** der so smaragdgrün war, wie sein Name erwarten ließ. Einem Edelstein gleich lag er in der Senke eines Waldes von **Riesen-Thujen und**

Eiben umgeben. Trügerische Stille herrschte ringsum, bis wir knackende Geräusche bei der Umrundung des Kleinods auf dem Pfad im Wald vernahmen. Das Schild „Beware of Bears", an dem wir achtlos vorübergegangen waren, sprang wie ein Blitz in unsere Erinnerung. Sollen wir den Rückweg antreten? Haben wir schon die Hälfte des Weges hinter uns? Dann wäre die Strecke vor uns die kürzere. Schräg gegenüber auf der anderen Seite des Sees sahen wir vier Wanderer, die uns entgegen kamen. Die Entscheidung war gefallen. Schnellen Schrittes liefen wir weiter. Ich klatschte dabei in die Hände in der Hoffnung, dies würde die Bären eher vertreiben als anlocken. Die gesichteten Wanderer müssen irgendwo abgebogen sein. Wir begegneten ihnen nicht. Mit klopfenden Herzen erreichten wir den Ausgangspunkt – unseren Wagen am Parkplatz neben der Lodge. Ein ordentlicher Schluck Bier auf der sonnigen Terrasse mit Blick über den stillen See beruhigte uns.

Auf der Weiterfahrt bekamen wir Bären völlig unverhofft doch noch zu Gesicht. Ein Muttertier mit zwei Jungen trotte am Waldrand neben der Straße auf der Suche nach Beeren. Schnell waren sie verschwunden, als wir hielten. Mehrfach sahen wir Rentiere, die von den Indianern Karibus genannt werden. Ein Kojote zeigte sich kurz und ein Weißkopfseeadler drehte seine Runden, als wir am Fuße der größten Gletscherwelt südlich der Arktis ankamen, dem **Columbia Icefield**.

Mit einem gigantischen Snow Coach, einem Monster von Gefährt, fuhren wir hinauf zum **Athabasca Gletscher**, zuerst über Geröll, dann durch verharschten Schnee und schließlich über blankes Eis. Die fünf Kilometer lange Gletscherzunge wird von rund 3.500 m hohen Bergen eingerahmt, dem Mt. Athabasca und Snow Dome. Mit einem Führer drehten wir oben angekommen auf einem markierten Pfad eine Runde zu Fuß – auf dem Eis, das in der oberen Region mehrere hundert Meter dick war.

Gletscherspalten gaben den Blick in die Tiefe frei. Das Rauschen des zu Tal stürzenden Schmelzwassers drang herauf. Das dunkle Blau des Eises ließ auf ein hohes Alter schließen. Täglich gleitet der Gletscher mehrere Zentimeter in das Tal hinunter. Von der Bewegung des Eises selbst bekamen wir nichts mit.

Zugegeben, im Grunde hasse ich eine derartige Vergewaltigung der Natur, wie sie der Trip mit dem Monster darstellte. Das erwartete und gebotene Erlebnis ließ mich jedoch schwach werden, was ich nicht bereute.

Snow Coach auf dem Athabasca Gletscher

Noch ein Erlebnis prägte sich in die Erinnerung ein. Die Stadt **Vancouver** liegt landschaftlich reizvoll an einer Meeresbucht zwischen hohen Bergen und dem vorgelagerten Vancouver Island. Von der Altstadt mit ihren schmucken Häusern aus der Gründerzeit und einer mit Dampf betriebenen, viertelstündlich pfeifenden Standuhr in der Water Street, Ecke Cambie Street wanderten wir hinaus zum Stanley Park, der auf einer Landzunge liegt und einstmals von den Natives, den Indianern vom Stamm der **Haida** bewohnt wurde. Mehrere reich geschnitzte und bunt bemalte **Totempfähle** erinnerten an diese Zeit. Sie waren, wie ein Familienwappen, Stammessymbole und Ausdruck der Macht der Sippe.

Totempfähle und der Rabe mit den ersten Menschen

Die Haida bevölkerten einst die Pazifikküste von British Columbia und die davor liegende Insel Haida-Gwaii. Einer Legende nach entdeckte ein Rabe die ersten Menschen in einer großen Muschel am dortigen Strand von Rose Spit. Der Künstler Bill Reid, ein Haida, schnitzte aus einem riesigen Baumstamm die Skulptur **„Raven and the first Men"** nach dieser Erzählung. Wir entdeckten und bestaunten sie im Museum of Anthropology der University of British Columbia.

USA

New York

Bereits als Pennäler träumte ich davon, für einige Zeit in New York leben zu können. Ich war von einer tiefen Sehnsucht nach dieser Megacity erfüllt. Meine Heimatstadt war mir, wie auch einigen Freunden, zu klein geworden, zu provinziell, zu chancenlos für die Verwirklichung meiner weitreichenden Pläne.

Als wir über das Thema **„Mensch und Natur"** in den 1950er Jahren sprachen, malte ich ein provozierendes Bild, das trotz meiner Affinität zu New York zeigen sollte, wie die Bauwut in dieser und in anderen Städten die Tierwelt und die Natur bedrängt.

New York besuchten wir später mehrfach – diese einzigartige Metropole mit ihren inspirierenden kulturellen Stätten am Broadway, in Harlem, rings um den Central Park und dem pulsierenden Leben vom Times Square bis hinunter nach Down Town und zur Wall Street.

Dreimal waren wir zu Gast im Restaurant **„Windows on the World"** im 107ten Stock des World Trade Centers, blickten aus den Fenstern des Restaurants hinaus auf die Freiheitsstatue, den Atlantik und Manhattan.

Tränen schossen aus unseren Augen, als das Fernsehen die Bilder von der Zerstörung der beiden Bürotürme durch die von irren Attentätern gelenkten Flugzeuge zeigte, die am 11. September 2001 über 3.000 Menschen den Tod brachte.

John Foster Dulles

Für einen im Zweiten Weltkrieg aufgewachsenen Jugendlichen entwickelte sich der Kalte Krieg der 50-er und folgenden Jahre zum Albtraum. Die drohende sowjetische Aggression war allgegenwärtig. Schlimmstes wurde befürchtet. **John Foster Dulles**, der amerikanische Außenminister unter Dwight D. Eisenhower, war einer der Väter des amerikanischen Abschreckungskonzeptes. Seine Doktrin des "Gleichgewichts des Schreckens" trug wesentlich zur Friedenserhaltung in der westlichen Welt bei. JFD entwickelte sich für mich zu einem der bedeutendsten Politiker dieser Zeit.

John Foster Dulles (proträtiert 1954)

Lionel Hampton

Meine Mutter begeisterte mich für die Musik der italienischen Opern. Die Arien aus Madame Butterfly erfüllten oft für Stunden unsere Wohnung. Als ich, gerade einmal siebzehn und geschäftsfähig, Mitglied im Jazz Club Nürnberg wurde, eröffnete sich für mich eine neue Welt. Louis Armstrong, Count Basie, Duke Ellington, Stan Getz, Gerry Mulligan und Lee Konitz wurden neben anderen zu meinen Favoriten.

Ich versäumte kein Jazzkonzert in diesen Jahren, sammelte Schallplatten und porträtierte einen der großen Interpreten, **Lionel Hampton**. Meinem Deutschlehrer gelang es, diesen Musiker für ein paar Stunden zu sich nach Hause einzuladen, damit seine Frau Skizzen von ihm für eine Skulptur fertigen konnte. Diese Aufzeichnungen und die Büste waren für mich die Vorlage für mein eigenes kleines Werk.

Lionel Hampton (porträtiert 1955)

Indigenous Peoples

Im Jazz Club lernte ich einen wunderbaren Menschen kennen. Er hieß **Ernie**, diente als Soldat bei der US-Armee und war Indianer vom Volk der Cherokee. Uns verband eine intensive Freundschaft bis zum Ende seines Aufenthalts in Deutschland.

Sitting Bull und Buffalo Bill

Wir unterhielten uns oft über die Indianerstämme Amerikas, ihre Verbreitung in den Staaten und in Kanada, ihre Kultur und Bräuche, die Auseinandersetzungen mit den Siedlern und Soldaten und das kümmerliche Leben der wenigen Verbliebenen in den Reservaten. **Sitting Bull** war Häuptling der Lakota-Sioux, dem es gemeinsam mit Crazy Horse und ihren Kriegern gelang, das 7. US-Kavallerie-Regiment unter General Custer am Little Bighorn zu schlagen. Er galt Ernie wie auch vielen Indianern noch immer als Ikone.

Im Westen der USA geht mir jedes Mal das Herz auf. Meine Jugenderinnerungen werden wach. Tom Prox und Billy Jenkins hießen die Helden in den erschwinglichen Groschenheften. Natürlich las ich wie alle meine Freunde die Romane Karl Mays über Winnetou und Old Shatterhand. Aber der Autor war nicht authentisch, er hatte nie den Wilden Westen gesehen. Das war bei der großen Buffalo Bill Wild West Show anders, die in meiner Jugend durch die Lande zog. Die Akteure – Cowboys, Indianer und föderierte Soldaten –

kamen aus den USA, wie einst der legendäre **William Frederick Cody**, genannt **Buffalo Bill**, selbst.

Wir bastelten Pfeil und Bogen aus Haselnusszweigen, ließen uns zu Weihnachten Luftdruckgewehre schenken, deren Kolben wir mit runden Kopfnägeln beschlugen und übten Messerwerfen. Wir lernten Freiheit in der Nachkriegszeit.

Wer seine Sehnsucht nach alter Westernromantik erfüllen möchte, der sollte nach Cody in Wyoming fahren, der von Buffalo Bill gegründeten Stadt, dort im historischen Irma Hotel wohnen, das nach Bills Tochter benannt wurde, an einem Rodeo teilnehmen und anschließend einen großen Whiskey in der Cody Bar trinken.

Chicago

„Chicago, Chicago, that toddling town", so tönte Frank Sinatra Jahrzehnte aus den Lautsprechern. Der Song blieb in den Ohren vieler hängen. Besungen wird eine schwankende, quirlige Stadt mit Höhen und Tiefen, in der die Banden von Al Capone und John Dillinger zur Zeit der Prohibition herrschten und ein beherzter Prediger und ein mutiger Bürgermeister sich anschickten, die gute Ordnung wieder herzustellen.

Im Volksmund wird Chicago **The Windy City** genannt, wovon wir uns überzeugen konnten. Der vom Michigansee hereinwehende Wind wird durch die wie Schleusen wirkenden Hochhäuser verstärkt. Der Kaugummigigant Wrigley baute am Ufer des Chicago River seine Zentralverwaltung, mit weißen, schnörkeligen Keramikfliesen amerikanisch-kitschig verziert, und das Versandunternehmen Sears einen schwarz verglasten Wolkenkratzer, der bei meinem ersten Besuch 1983 mit 442 m als das höchste Gebäude der Welt galt. Die geltungssüchtigen Araber und Asiaten übertrafen inzwischen in Dubai, Shanghai und Mekka mit über 800 bzw. 600 m hohen Gebäuden die Superlative von damals bei Weitem.

Zu meinen Lieblingsgebäuden in Chicago gehören das Palmer House Hilton, ein Stadtpalast der Jugendstilzeit, der uns ein luxuriöses Ambiente für unsere Übernachtung bot, und der wegen seiner gekreuzten Stahlarmierung spektakuläre Hancock-Tower, dessen Restaurant einen faszinierenden Ausblick auf die ganze Stadt bietet, einen Fensterplatz vorausgesetzt.

Das Hyatt Regency am Chicago River liegt als dunkelgrüner Würfel zentral und fußläufig für einen Besuch der Museen der Stadt, dem Grant Park mit seinen voluminösen Plastiken von Fernando Botero, der Michigan Avenue mit ihren Einkaufspassagen, dem Viertel mit den italienischen Restaurants und der Jazzszene. Entgegengesetz im Süden der Stadt ragt das höchste Gebäude, der Willies Tower aus dem Häusermeer.

Chicago am Abend

Der Michigansee versorgt die Stadt mit einer unendlichen Flut an sauberen Trinkwasser. Als eines der ersten Umweltprojekte der USA wurde der Chicago River, der sich ursprünglich in den See ergoss, durch umfangreiche Kanalisationsarbeiten so umgeleitet, dass er heute in die entgegengesetzte Richtung fließt und als Abfluss für den Michigan See dient, dessen Wasserqualität penibel überwacht wird.

Nicht eindeutig mag ich die Frage zu beantworten, welches die schönere Sicht ist, jene vom Hancock Gebäude auf die Stadt und den See oder jene vom See auf die Stadt.

Mexiko

Der erste Tag in diesem Land begann mit Angst und Schrecken. Katharina begleitete uns auf einem Rundgang durch die Innenstadt von Mexico-City. Sie war von Österreich ausgewandert, mit einem Einheimischen verheiratet und betätigte sich als Fremdenführerin.

Ihre Erzählung begann sie auf dem Zócalo, dem großen zentralen Platz, unter dem die Ruinen Tenochtitlans liegen, der Stadt der Azteken, und auch die Trümmer des Palastes **Moctecumas**, des letzten Herrschers, niedergemacht von den spanischen Konquistadoren. Heute stehen dort der Nationalpalast, das Rathaus und die Kathedrale. Sie ist die größte des amerikanischen Kontinents, in der Renaissance begonnen und im Barock vollendet.

Wir standen vor dem ganz mit Gold belegten Altar der Könige, etwas erhöht auf einer Welle des Bodens, ruhig, staunend, die überladenen Details betrachtend, als sich der Boden bewegte, zuerst fast unmerklich, dann stärker und nochmals stärker. Erschrocken suchten wir mit den Händen Halt an einer der Säulen. Feiner, weißer Staub rieselte von der Decke und bedeckte uns.

Ein Erdbeben! Erschrocken und mit Herzklopfen ergriffen wir die Flucht und rannten hinaus auf den großen Platz.

Katharina suchte nach beruhigenden Worten: „Das erleben wir jede Woche. Der Boden in der Kathedrale senkt und hebt sich. Das ist alles", sagte es und ging hinüber zum Palast des Präsidenten.

Dort bestaunten wir die riesigen Wandmalereien des Künstlers Diego Rivera, der die Azteken-Stadt mit ihren Palästen und Tempeln und ihren Bewohnern farbenprächtig anhand alter Stiche nachempfunden hat. Darunter fanden wir auch eine Darstellung Moctecumas. Der Herrscher trug bei öffentlichen Auftritten bunte Federkronen.

Eine **Federkrone**, die ihm zugeschrieben wird, kann in Wien im Museum bewundert werden – ein einmaliges und kostbares Schmuckstück aus über vierhundert Schwanzfedern des **Quetzal**.

Dieser farbenprächtige Vogel lebt in den tropischen Wäldern ganz Mittelamerikas. Er wurde von den Azteken, Mayas und Tolteken in Form eines Mischwesens wie ein Gott verehrt. Sie nannten die Chimäre Quetzalcoatl, die als gefiederte Schlange mit den Schwanzfedern des Quetzals um Kopf und Hals dargestellt wurde.

Quetzal

Die Geschichte Mexikos reicht über tausend Jahre vor Christus zurück. Ihre ältesten Vertreter waren die **Olmeken**, die am Golf von Mexiko bei La Venta und San Lorenzo siedelten.

Auf dem Weg dorthin kehrten wir am Catemaco-See ein. Das Angebot des Restaurants beschränkte sich auf zwei Gerichte, eines so exotisch wie das andere: Stachelfisch oder Affe vom Grill. Wir kosteten beides. Der Affe schmeckte besser und die scharfe Tabascosauce half bei jedem Bissen, den inneren Schweinehund zu überwinden.

In La Venta am Golf von Mexiko angekommen, wurden wir auf eine weitere Probe gestellt. Zum Schutz vor Mücken sollten wir uns mit Repelente einreiben, einer äußerst übel riechenden Tinktur. Wir taten dies der Not gehorchend, als wir zu den Artefakten kamen, die sich in einem feuchten, tropischen Buschwald befanden, wo es vor fliegenden Insekten wimmelte.

Mehrere riesige aus Stein geschlagene Köpfe waren zu sehen, Stelen mit Priestern und Clanchefs, verzierte Altartische, Mosaikreste eines Tempels und eine von der Witterung erodierte Pyramide.

Die negroiden Lippen und Nasen der Gesichter fielen auf. Wer waren diese Olmeken? Niemand weiß es genau. Sie kannten keine Schrift. Ihre Geschichte verlief im Dunkel.

117

Kolossalkopf eines Olmeken

Die hoch entwickelte Kultur der **Mayas** blieb dagegen bis heute lebendig. Sie siedelten auf der Halbinsel Yucatán, in Chiapas und Guatemala, ersannen eine Schrift, beherrschten Mathematik, Architektur und Astronomie, richteten ihr Leben nach einem Kalender und ernährten sich vom reichlichen Maisanbau.

Ihre großartigen Bauwerke üben eine faszinierende Anziehungskraft auf jeden Betrachter aus. Sie lassen jedoch nicht erahnen, von welch defätistischem Weltbild ihr Denken und Handeln geprägt war, denn ständige Angst und Untergangsstimmung waren ihre Begleiter. Sie bauten kleine Pyramiden mit zwanzig Stufen nach ihrem Monatskalender und große Tempel mit dreihundertfünfundsechzig Stufen nach der Zahl der Tage eines Jahres. Wie in Wort und Bild überliefert wurde, waren auf den Tempeln der Mayas und später auch der Azteken Blutopfer zu Ehren des Sonnengottes an der Tagesordnung. Menschen wurden lebendig von Helfern auf Opfersteinen festgehalten. Priester schnitten ihnen die Brust auf und brachten die herausgerissenen Herzen der Sonne dar. Holz- und Kupferstiche des Codex Florentino zeigen dieses

118

blutrünstige Ritual in erschütternden Bildern. Zwei dieser Chac-Mool genannten Opfertische in Gestalt eines Mannes waren in Chichén Itzá zu sehen – auf dem Tempel der Krieger und im Tempel der Gefiederten Schlange, in den ich mich hineinwagte.

Chichén Itzá – Pyramide und Opferstein Chac-Mool

In den Dörfern und Städten von Yucatán und Chiapas ging es friedlich zu. Wir hatten vielfachen Kontakt mit den Mayas, die sich als Landwirte, Händler und Handwerker ihren Lebensunterhalt verdienen und meist ein einfaches Leben in einem kolonialen Umfeld führen.

Straßenszene in Yucatán

Südamerika

Bolivien

Wie bei den Mayas und Azteken stand die Sonne auch bei den Andenvölkern im Mittelpunkt ihrer Götterwelt. Sie erkannten die Abhängigkeit allen Lebens von der Sonne, die nahezu ein halbes Jahr senkrecht über dem Land stand, dann aber nach Norden abwanderte, schräg einfiel und schwächer wurde. Aus Angst, sie könnte erlöschen und nicht mehr aufgehen, wurde die Sonne von den **Inka** Perus und **Aymara** Boliviens angefleht und ihr wurden Kultopfer dargebracht.

Mit einem Boot setzten wir auf dem **Titicacasee** zur Isla del Sol über. Von hier aus, inmitten des Sees, stieg einst der Sonnengott Inti vom Titicaca-Felsen zum Firmament auf. Von dort sandte er seinen Sohn Manco Cápac als ersten Anführer der Inka in das Andenreich. Fortan verstanden sich alle Herrscher der Inka symbolisch als Sohn des Sonnengottes. Was für eine schöne Legende!

Eine steinerne Treppe führte steil hinauf zu einem Sattel unter der Felskuppe. Eukalyptusbäume spendeten reichlich Schatten. Jeder Schritt fiel schwer in der dünnen Luft des Altiplano, des flachen Hochlands. Auf einem Felsblock ließen wir uns nieder. Noch nie waren wir der Sonne so nah wie an diesem Fleck in 4.300 m Höhe. Das tiefe Blau und die Weite des Sees unter uns, die weißen Spitzen der Kordilleren, die Stille ringsum, die sich entfaltende innere Ruhe und die um diese Insel kreisenden Legenden strahlten eine magische Wirkung aus.

Ein an seiner Kleidung zu erkennender **Aymara** kam zum Titicaca-Fels empor. Ganz in unserer Nähe entzündete er den Inhalt einer Schale und hielt die Flamme, Unverständliches dabei murmelnd, als Opfer der Sonne hin.

Ein der Tradition verbundener Schamane der Aymara? Sie verehren noch immer die Sonne.

Mein Blick schweifte nach Süden, wo weit in der Ferne die Konturen der alten Kultstätte von **Tiahuanaco** zu erkennen oder besser gesagt zu erahnen waren – die teilweise restaurierte Pyramide Akapana, die ummauerte Tempelanlage Kalasasaya, Kolossalstatuen und das aus einem einzigen, riesigen Andesitblock geschlagene **Sonnentor**. Die Vorfahren der Aymara waren große Baumeister und ihre Reliefs und Skulpturen erreichten tiefen künstlerischen Ausdruck. Die Figur im Türsturz des Sonnentors bildete den Schöpfergott Viracocha ab. Er hielt in jeder Hand zwei Schlangenstäbe. Den Götterkopf umgab ein Strahlenkranz. Der Sohn Viracochas war nach ihrem Mythos Inti, die Sonne selbst.

Titicacasee vor den Königskordilleren

Im Hintergrund Tiahuanacos ragte der Berg Illimani 6.439 m auf, das Wahrzeichen der Andenstadt La Paz, die sich hinter Dunstschleiern verbarg. In der Sprache der Aymara bedeutet Illimani bezeichnender Weise ‚Wo die Sonne geboren wurde‘.

Weiter im Norden umrahmten die Königskordilleren den Titicacasee bis zum Horizont.

Peru

Das **Reich der Inka** erstreckte sich einstmals von Peru über Bolivien bis Chile. Das hierarchische Staatswesen war bestens geordnet, das Straßennetz voll ausgebaut. Die Macht lag in den Händen des Adels und der Priester. Zentraler Punkt der Hauptstadt Cusco war der Coricancha, der Sonnentempel, in dem die Sonne verehrt wurde, und die verstorbenen Inkaherrscher ihre letzte Ruhe fanden.

Wie die Chronisten berichteten, war das höchste Heiligtum der Inka von außen und innen über und über mit Goldplatten belegt. Die mehrere Meter messende Sonnenscheibe und die lebensgroßen Skulpturen von Tieren im Garten waren aus massivem Gold; eine Mondscheibe aus purem Silber. Dieser und andere Tempel und Gebäude der Inka in ganz Peru wurden von den Konquistadoren unter Pizarro zerstört, die Edelmetalle eingeschmolzen und tonnenweise per Schiff nach Spanien gebracht.

Unsere Route durch Peru führte uns von Cusco zur Inkafestung Sacsayhuaman, von dort hinunter in das heilige Urubambatal zu den Maisterrassen, weiter nach Pisac und Ollantaytambo.

Der Höhepunkt der Reise war schließlich der Besuch von **Machu Picchu**, das die Konquistadoren nicht zu Gesicht bekamen. Am Eingangstor angekommen, erkannten wir, dass nur ein Kondor Machu Picchu ausfindig machen konnte. Wie ein Horst liegt die befestigte Stadt 340 m über dem Tal des Urubamba nicht einsehbar auf einem Bergsattel zwischen dem Alten Gipfel, dem Machu Picchu, und dem Jungen Gipfel, dem Huayana Picchu.

Zu welchem Zweck wurde diese Festung in der Abgeschiedenheit erbaut? Sollte der Ort den Inkaherrschern Zuflucht bieten oder diente er den Riten für die Götter? Die Ruinen haben bis heute nur einen Teil ihres Geheimnisses preisgegeben. Weitgehend erhalten blieben auf den unteren Terrassen die Viertel der Dienerschaft und der Handwerker; darüber das Stadttor, die Wohn- und Schlafräume des Adels, der Palast des Inkas, ein Sonnentempel mit einem Mausoleum, ein ritueller Brunnen, ein Tempel mit drei Fenstern, der Haupttempel und der **Intihuatana**.

Dieser Stein durfte in keiner Tempelanlage der Inka fehlen. Er wurde so kunstvoll behauen, dass seine „Nase" zur Tagundnachtgleiche im Frühjahr und Herbst keine Schatten warf. Das ermöglichte den Priestern, die Zeit der

Aussaat und der Ernte zu bestimmen. Das bedeutsamste Fest der Inka, das Inti Raymi, wurde am kürzesten Tag zur Wintersonnenwende am 23. Juni begangen, dem Tag des längsten Schattens. Mit Ritualen am Intihuatana wurde die Sonne zur Rückkehr bewegt, was aus der Übersetzung des Namens zu schließen ist: ‚Der Stein an dem man die Sonne fesselt'.

Ritualstein Intihuatana in Machu Picchu

Der oberste Priester wachte über die Einhaltung dieses Sonnenkults. Auserwählte Jungfrauen unterstützten ihn dabei. Es wird vermutet, dass diese in dem gut erhaltenen zweistöckigen Giebelhaus residierten, dort Roben webten, Speisen zubereiteten und für die Priester und Adeligen das alkoholische Getränk Chicha brauten.

Die Inka züchteten, wie heute die Peruaner, Guanakos und Alpakas als Lieferant für Fleisch und wärmende Wolle. Die edelsten Tiere der Anden, die Vikunjas, leben wild in einer Höhe über 3.500 Meter. Ihre Haare sind so fein und kostbar wie Seide. Daraus gewebte Tücher und Schals waren einst ein Privileg des Adels. Heute sind sie für jeden erhältlich, aber nicht für jeden erschwinglich.

Wir lernten Ulrike kennen. Sie war aus Frankfurt ausgewandert, mit einem Peruaner verheiratet und in Pisac im Urubamba-Tal ansässig, wo sie ein Lokal betrieb. Sie ging mit uns zum Markt. Dort boten die Indios ihr frisch geerntetes Gemüse, Eier, Hühner und Meerschweinchen an, ihre Leibspeise. Am Eingang in eine schmale Gasse saßen Frauen einzeln und paarweise und webten, strickten und stickten. Sie fertigten Decken, Schals, Gürtel, Teppiche und natürlich Ponchos.

Motive der Indiofrauen in Peru

Mich faszinierten die Muster, teils farbenfroh, mit allerlei abstrakten Motiven, aber auch mit Darstellungen von Guanakos. Ich erstand eine warme grau-weiße Mütze und einen weinroten Schale aus Alpaka-Wolle, die zu meinen ständigen Begleitern im Gebirge im Winter wurden.

Argentinien

Das Land wurde nach dem lateinischen Wort für Silber, argentum, benannt. Das war angesichts der geringen Vorkommen von Edelmetallen etwas zu hoch gegriffen. Für die Wirtschaft bedeutsamer entwickelten sich Landwirtschaft und Viehzucht und die Förderung von Erdöl und Erdgas. Dem Weinkenner kommt noch der Ort Mendoza in Erinnerung, bekannt für die Sorten Malbec, Cabernet Sauvignon und Syrah.

Argentinien liegt eingebettet zwischen der Andenkette und dem Atlantik und erstreckt sich über viereinhalbtausend Kilometer. Wir besuchten die Wasserfälle von Iguazú im Norden, die südlichste Stadt der Welt Ushuaia auf Feuerland und die Hauptstadt **Buenos Aires**. Wenn sich die einen an Gauchos erinnern, die in der Weite der Pampa Rinder und Pferde hüten, und die anderen an die bizarren Felsgipfel der Torres del Peine, dann ist für mich Argentinien der Inbegriff für den Tango.

Tangotänzer und Bandoneon-Spieler im Viertel San Telmo in Buenos Aires
Boleos und Ganchos genannte Beinhaken l. und extremer Valentino r.

Wer beherrscht heute noch diesen rhythmisch-erotischen Tanz, dem wir neben Rumba und Samba in unserer Jugend frönten? Der weitgereiste irische

Dramatiker Bernhard Shaw formulierte das musikalisch untermalte Spiel treffend: „Der Tango ist der vertikale Ausdruck eines horizontalen Verlangens." Mit Leidenschaft geben sich die Liebhaber diesem Tanz nicht nur am Abend und in der Nacht hin, auch am Tag finden sich Paare in San Telmo auf der Calle Defensa, um sich in gekonnten Schritten und Figuren im Rhythmus einer Musik zu bewegen, die mit dem Tanz zusammen **Tango Argentino** genannt wird.

Auf Empfehlung besuchten wir eine Dinner-Show in der berühmten Tanguería La Ventana. Was für eine Atmosphäre! Die indirekte Beleuchtung durch ein Glasdecke im Jugendstil verlieh dem kleinen Salon einen einzigartigen Charme. Die Töne der Bandoneons erklangen mal scharf und schrill, mal einfühlsam melancholisch, aber immer mitreisend. Die Tänzer liefen, drehten, stoppten, formten Figuren zum Kreuz oder zur Acht, verfielen in den Wiegeschritt, hakten mit den Beinen Boleos und Ganchos tief und hoch und versanken in sich zum vollendeten Valentino.

Natürlich wanderten wir auch auf der breitesten Straße der Welt, der Avenida 9 de Julio hinauf bis zum Obelisken, von dort durch die pittoreske Altstadt von Buenos Aires zur Plaza de Mayo, fotografierten den Nationalpalast, das Casa Rosado, aßen Grillspieße in einer typischen Churrascaría, streiften kurz das bunte Künstlerviertel La Boca, besuchten die Milonga Ideál, eine Tanzschule unter goldenen Lüstern in einem mit Holz vertäfelten Obergeschoss und fuhren schlussendlich hinaus in den Vorort Recoleta, um das Grab von Evita Perón zu besuchen. Mit dem Song „Don't cry for me, Argentina", von Andrew Lloyd Webber komponiert und von Madonna vorgetragen, wurde sie zur Kultfigur hochstilisiert.

* * *

Am Tag darauf flogen wir zum Dreiländereck Brasilien, Argentinien und Paraguay. Dort machten wir uns auf den Weg zu einem der gewaltigsten Naturschauspiele der Erde, den **Wasserfällen des Río Iguazú**.

Der Fluss Iguazú stürzt, nur von einigen Felsen unterbrochen, in einer Breite von 2.700 m über 275 Katarakte in die Tiefe. Das Rauschen des Wassers schwoll an, je näher wir den Flussarmen kamen. Brücken wechselten mit befestigten Wegen und Aussichtsplattformen, die großartige Blicke auf die

126

Kaskaden des Flusses freigaben, über die weiß schäumend und Gischt auf-
wirbelnd die Wassermassen mit Getöse in die Tiefe stürzten.

Bei der Teufelskehle der Cataratas del Iguazú

Schmetterlinge suchten auf den zart blühenden Büschen an den Böschun-
gen nach Nahrung, Libellen schwirrten heran, Nasenbären bettelten ohne
Scheu und die in den Bäumen nistenden Vögel flogen auf, als wir uns näher-
ten. Ein Tukan saß unbeweglich auf einem Ast. Grüne Papageiensittiche
schrien. Affen hangelten in Sichtweite durch das Dickicht des Regenwaldes.
Reiher und Kormorane staksten in Ufernähe durchs seichte Wasser und hielten nach Fröschen und Fischen Ausschau. Wir waren hier der Natur sehr nah
– ihrer Schönheit wie auch ihrer Gewalt.

Auf einem mehr als tausend Meter langen Steg wanderten wir über das zuerst noch träg dahinfließende Wasser im sicheren Abstand oberhalb der Fälle
bis zur Mitte des Flusses. Ziel war die **Garganta del Diablo**, die Teufelskehle, der Gewaltigste aller Wasserfälle. Je näher wir kamen, umso stärker

vibrierte der Steg durch die zunehmende Strömung unter unseren Füßen. Lärm erfüllte die Luft auf der kleinen Plattform am Endpunkt des Stegs. Dort standen wir unmittelbar am oberen Rand der Teufelskehle und blickten angespannt in den Schlund. Das donnernde Getöse verschluckte jedes Wort. Doch keiner sprach. Jeder war mit sich und seinen Gedanken über die unbändige Kraft der Naturgewalten beschäftigt.

Mit dem Bus fuhren wir am Tag darauf hinüber zu den brasilianischen Katarakten. Dort stiegen wir tief hinunter in die von den Wassern ausgespülte Schlucht des Río Iguazú und folgten einem Steg, der noch viel abenteuerlicher in den Fluss hinein gebaut war als jener auf der argentinischen Seite. Hier fiel der Iguazú über zwei Stufen in die Tiefe, links über und rechts unter uns. Mutig gingen wir weiter bis zum Ende des Stegs an der Teufelskehle. Greifbar nahe stürzten die Wassermassen mit donnerndem Getöse herab. Feuchte Nebelschwaden hüllten uns ein. Geraume Zeit verstrich, bis wir uns von dem fesselnden Eindruck dieses Naturschauspiels wieder lösen konnten.

Brasilien

Das Unauffällige übertraf in Sao Paulo das Auffällige. In **Rio de Janeiro** verhielt sich das ganz anders. Wir erlebten eine Stadt, die von Boom, Crime und Samba beherrscht wird und als die am schönsten in der Welt gelegen gilt. Obwohl die Wirtschaft in der Stadt durch den Tourismus und die Finanzbranche floriert, ging diese Entwicklung an der Vielzahl der Armen leider spurlos vorüber.

„Stellt euch vor, erst letzte Woche wurde ich wieder ausgeraubt, als ich am Strand von Botafogo aus dem Taxi stieg", sagte unsere Bekannte Margarete. „Es war bereits das dritte Mal, dass mir so etwas passierte. Immer mehr Menschen drängen in die Städte, ohne Arbeit finden zu können und immer mehr Favelas entstehen."

Margarete wohnte hoch oben auf dem Hügel in Santa Teresa. Von der Terrasse ihres Hauses blickten wir hinunter auf die Altstadt von Rio, die Bucht von Botafogo und an der Christusstatue vorbei auf den Zuckerhut, die Copacabana und hinaus auf den weiten Atlantik.

128

Rio de Janeiro

Auf der Seite zum Land hin sah die Welt ganz anders aus. Dort waren in den letzten Jahren sechs Favelas entstanden – Elendsviertel mitten in der Stadt. Margarete meinte dazu: „Kein Wunder, dass die Kriminalität immer mehr um sich greift. Sie stellt für ganz Rio ein großes Problem dar. Raub, Drogenhandel, Korruption, Entführung und Mord sind an der Tagesordnung. Gewöhnen kann sich niemand daran."

Als Touristen bekamen wir davon nicht viel mit. Wir interessierten uns für das alte Centro Rios mit dem Flair der Gründerjahre, liefen über die Praca Floriano, den schönsten Platz Rios, vorbei am Teatro Municipal, weiter zur Fußgängerpromenade Largo da Carioca, wo Trödler und Bouquinisten ihre Ware ausbreiteten und kehrten schließlich ins legendäre Café Colombo ein – ein Kaffeehaus im Jugendstil, in dem die portugiesischen Wurzeln Rios fortleben.

Was für Buenos Aires der Tango sind für Rio Samba, Bossa Nova und Karneval. Cariocas nennen die Einheimischen sich selbst, die teils afrikanische

129

Vorfahren und zartbraune Schokoladenhaut haben. In den Sambahallen und Shows konnten die Besucher nicht nur beobachten, wie sie rhythmisch ihre Hüften schwangen, sondern selbst mitmachen, wenn die Gäste auf die Bühne gebeten wurden.

Ebenso beschwingt bewegten sich die Cariocas auf den weltberühmten Stränden von Copacabana und Ipanema. Hier wird das tägliche Schaulaufen zur Augenweide, wenn die weiblichen Vertreter in knappen Bikinis oder minimalen Tangas durch den Sand kreuzen und ihre männlichen Begleiter im zwickenden Slipp mit geöltem Köper ihren Waschbrettbauch zur Schau stellen. Na ja, nicht alle hatten knackige Figuren, die meisten sahen aus wie überall in der Welt, spielten Volleyball und Fußball, wanderten schlicht am Strand auf und ab oder dösten auf einem Handtuch liegend vor sich hin.

Natürlich machten wir auch Bekanntschaft mit dem Lieblingsgetränk des Landes, dem Caipirinha, gemischt aus klarem Zuckerrohrschnaps mit einer zerstoßenen Limette, etwas Zucker und Eis. Der Drink schmeckte köstlich und erfrischend. Es blieb meist nicht bei einem Caipi – ein zweiter musste schon sein.

Antarktis

Ausgangspunkt einer Reise zum sechsten Kontinent ist in der Regel die Südspitze Amerikas. Wir machten zuerst in Punta Arenas an der Magellan-Straße in **Chile** Station und dann nochmals am Beagle-Kanal in **Ushuaia**, der südlichsten Stadt der Welt auf dem zu **Argentinien** gehörenden Teil der Insel Feuerland. In beiden Städten blieben Gebäude mit kolonialen Charme erhalten. Mehr noch interessierten uns die von langen, feuchtkalten Wintern geprägte Natur mit ihren zahlreichen Gletschern und der Lebensraum der indigenen Ureinwohner. Die Selk'nam, Yámana und andere jagten auf Feuerland Guanakos und an den Küsten Seelöwen, sammelten Muscheln und Krebse und bauten Kanus zum Fischen in der rauen See.

Wir fuhren von Ushuaia bis zum Ende der berühmten Panamericana, die im Nationalpark Tierra del Fuego an den Ausläufern der chilenischen Andenkette 17.848 km von ihrem Ausgangspunkt in Alaska entfernt endete. Hier fanden wir am Ufer der **Bucht von Lapataia** bescheidene Siedlungsreste der **Yámana**. Auf runden Wällen aus Erde und Muscheln standen ihre einfachen Zelthütten, deren Eingänge sie nach Osten zur aufgehenden Sonne ausrichteten. Mehr war von ihnen nicht mehr zu entdecken, denn sie wurden wie fast alle indigenen Völker von den Kolonialherren ausgerottet.

Die Bucht von Lapataia vor den Ausläufern der Anden Chiles

Wir wanderten im Januar, im dortigen Sommer, auf einem Pfad bei Nieselregen durch eine nahezu unberührte Natur. Zur Linken im Osten öffnete sich die Bucht hin zum Beagle Kanal, zur Rechten im Westen ragten die von Schnee und Eis bedeckten Gipfel der Anden auf und nur wenige Schritte vom Ufer entfernt bedeckten stachelige Berberitzen und dichter Regenwald das Gelände, das hohe Südbuchen überragten.

Der heftige Wind säuselte beim Spiel mit den Blättern. Wellen brachen rauschend am Strand. Sturmvögel und Albatrosse zogen Kreise über der See,

grüne Sittiche kreischten, bevor sie aufflogen, von den Einwanderern einge-
schleppte und ausgesetzte Biber bauten Dämme in den sumpfigeren Gebieten
und Magellan-Gänse trotteten friedlich durch das Gras.

Diesen rauen, wilden und einsamen Flecken Erde am südlichen Ende der
bewohnten Welt empfanden wir – warm angezogene Wanderer – als Idylle.
Kaum vorstellbar, wie die einstigen Einwohner, mehr nackt als bekleidet, bei
selbst im Sommer kühlen Temperaturen, meist böigen Winden und ständigem
Regen hier ihr karges Leben bewältigten.

* * *

Noch in der Nacht verließ unser Schiff den Hafen von Ushuaia in Richtung
Antarktis. Das Schaukeln und Stampfen in der aufgewühlten See machte allen
Passagieren deutlich, dass sie sich nicht auf einer gemütlichen Kreuzfahrt,
sondern auf einer abenteuerlichen Expeditionsreise mit vielen Unbekannten
befanden. Kurz nach Sonnenaufgang passierten wir das legendäre Kap Horn
bei Windstärke 6 und grober See mit schäumend brechenden Kämmen. Regen
peitschte auf Deck in die Gesichter. Das schlingernde Schiff hob und senkte
sich. Plötzlich riss die Wolkendecke auf. Die Sonne trat kurz hervor. Das un-
erwartete Schauspiel reichte gerade für ein Foto des berüchtigten Kaps. Fast
eintausend Schiffe zerschellten an den zahlreichen Klippen in seiner Umge-
bung und rissen mehrere tausend Menschen mit in den Tod.

Ein Tief jagt hier das andere, mehrere drehen sich gegeneinander. Wir querten zwei Tage und Nächte lang die Drake Passage, wie die Verbindung zwischen dem Pazifik und dem Atlantik als auch zwischen der Südspitze Süd-
amerikas und der Antarktis genannt wird. Regen, Sturm mit hoher See und
Gischt sprühenden Wellenbergen, kurze Aufhellungen mit Sonnenschein,
Graupelschauer und dichter Schneefall wechselten einander ab. Albatrosse
und Sturmvögel begleiteten das Schiff, Delfine zeigten sich, auch blasende
Wale und schließlich gefräßige Orcas. Bei den Anlandungen begegneten wir
Pinguinen und auf Eisschollen und kleinen Landzungen konnten Weddelrob-
ben, Seeleoparden und Seeelefanten beobachtet werden.

Die ersten Eisberge tauchten auf. Anlaufstellen waren Half Moon Island,
Yankee Harbour und Deception Island. Aufgelassene alte Walfangstationen
rosteten dort vor sich hin, eine argentinische Forschungsstation war zu sehen

und die Reste eines verrottenden norwegischen Walfangbootes. Die Sicht verschlechterte sich, eine niedrig liegende Nebelwand verhüllte den Blick nach vorn. Das Schiff verlangsamte die Fahrt. Dann meldete sich der Kapitän. Flaches, quadratkilometergroßes Schelfeis versperrte den Antarctic Sound und damit die Passage zur Weddel-See. Das Schiff drehte auf der Bransfieldstraße nach Süden ab. In der geraume Zeit später erreichten Gerlachestraße passierte das Schiff auf der Backbordseite erstmals die vergletscherte Küste Antarktikas, deren Berge hier über 2.300 m aufragten. Davor wimmelte es von Eisbergen, die mit langsamer Fahrt umschifft werden mussten. Die Wolkendecke öffnete sich und ein azurblauer Himmel empfing uns, die Neuankömmlinge, bei milder Luft um den Gefrierpunkt. Wir erlebten buchstäblich einen Sommertag in der Antarktis. Das Schiff drehte auf Ost-Kurs und nahm zwischen den Inseln Lemaire und Bryde die Zufahrt zum Traumziel aller Antarktisbesucher, der **Paradiesbucht**.

Antarktika – Paradise Bay

Ein Anblick von überirdischer Schönheit tat sich auf. Wild, unberührt, einsam, still und auf den ersten Blick lebensfeindlich umgab uns eine Welt ohne Zeit. Aus einem wolkenlosen Himmel schickte die Sonne wärmende Strahlen, warf Schatten der Bergspitzen auf die Schneefelder, ließ das Eis blau funkeln und in noch nicht einmal einer Stunde dreimal die schroffen Gletscherzungen kalben.

Das Schiff stoppte in sicherer Entfernung zu den Urgewalten. Wir booteten aus und drehten eine Runde mit einem Zodiac. Das Eis knisterte und knackte und der herabstürzende Bruch warf hohe Wellen, die mit den flüchtenden Schlauchbooten ein Schaukelspiel trieben – auch mit unserem.

Der Skipper manövrierte das Boot direkt an eine der steilen Eiswände. Je blauer der Schimmer des Eises, umso älter sei es, lernten wir, womöglich sei der erstarrte Schnee vor zehn- oder gar fünfzehntausend Jahren gefallen. Ich berührte eine Stelle und leckte das Schmelzwasser von meiner Hand. Die dabei verspürte Gänsehaut werde ich mein Leben lang nicht vergessen.

Ein vergleichbares Gefühl überkam mich, als wir kurz darauf am Steg einer chilenischen Forschungsstation an Land gingen. Wir standen mit beiden Füßen auf dem sechsten, entferntesten und einsamsten Kontinent unserer Welt, der Antarktika. Wir gingen an dicht gedrängt stehenden, nistenden, brütenden und frisch geschlüpften Pinguinen vorbei und erklommen durch Tiefschnee ein nahes Kap. Die Pinguine beobachteten ungerührt unser Tun, während Seelöwen in der Nähe nach Fisch und Krill tauchten oder auf Eisschollen sich räkelten. Die Natur hatte uns ein paradiesisches Kunstwerk beschert.

Südafrika

Den Wunsch, nach Südafrika zu reisen, erfüllten wir uns erst, als das Regime der Apartheid durch freie Wahlen endgültig außer Kraft gesetzt und Nelson Mandela zum ersten schwarzen Präsidenten des Landes gewählt war.

Wir starteten eine mehrwöchige Tour in Johannesburg. Über Pretoria ging die Fahrt ins Transvaal, das sich in die Provinzen Limpopo und Mpumalanga gliedert. Ein Unwetter, dessen letzten Tag wir beim queren der Drakensberge miterlebten, hatte die Flüsse überquellen lassen und ganze Landschaften verwüstet. Der gemietete Toyota Venture 4WD meisterte zum Glück alle aufgerissenen und matschigen oder gar überschwemmten Straßen bestens.

Eigentlich wollten wir in einem Resort am Sabie River einen Tag mit Golf einlegen. Doch daraus wurde nichts. Stattdessen hatten wir eine erste Begegnung mit dem **Wildlife Südafrikas**. Als wir morgens aufwachten, stand nicht weit von unserem Bungalow entfernt ein Flusspferd neben der Fahne auf einem erhöhten Grün. Der Platz selbst war größtenteils überflutet. In stoischer Ruhe äugte der Koloss ins Wasser des Flusses, wo auf einer Sandbank ein Krokodil lauerte. Erst als dieses durch den Fluss ans andere Ufer schwamm, ging das Nilpferd zurück in sein nasses Element.

Bevor wir in den Krüger Park aufbrachen, erkundeten wir die nördlichen Ausläufer der Drakensberge mit dem gewaltigen Blyde River Canyon und blickten vom Aussichtspunkt God's Window über die Savannen des Parks bis ins ferne Mozambique.

Zurück im Sabie River Resort erreichten uns zwei schlechte Nachrichten und eine gute: Alle Zugänge zum Krüger Park waren wegen der Überschwemmungen geschlossen. Geöffnet waren nur das Pafuri Gate im Norden und das Malelane Gate im Süden. Dazwischen lagen 445 km des Nationalparks. Außerdem hatte der Crocodile River durch Überflutung die von uns gebuchte Bongani Game Lodge von der Außenwelt abgeschnitten. Die dritte Nachricht brachte die Lösung. Das South Africa Tourist Office buchte für uns kurzfristig auf die Malelane Lodge um, direkt am Südeingang. Dort kamen wir am Nachmittag des nächsten Tages an und brachen sofort zur ersten Pirschfahrt mit einem Ranger auf.

Natürlich wollten wir die Big Five entdecken, wie das Großwild von den Jägern genannt wird – Elefanten, Nashörner, Büffel sowie Löwen und Leoparden. Sie sind ungleich schwieriger zu entdecken, als die meist in Scharen auftretenden Zebras, Gnus und Giraffen oder Antilopen und Affen. Bereits an der Brücke zum Gate wimmelte es im Crocodile River von Flusspferden, die im seichten Wasser wachsendes Gras rupften, das Maul gähnend aufrissen oder auf einer Sandbank dösten. Brandan, der Ranger, entdeckte Geier auf einem entlaubten Baum, auf den er durch den Busch zusteuerte. Dort boten Hyänen ein grausiges Schauspiel. Sie balgten sich um die besten Happen einer von ihnen geschlagenen Antilope, während die Geier auf die Reste warteten. „Wo Hyänen fressen, sind Löwen nicht weit entfernt", meinte der Ranger und umrundete in größer werdenden Bögen die gefräßigen Tiere. Statt Löwen bekamen wir Schakale zu Gesicht, die sich ebenfalls an einer Antilope weideten.

Auf dem Rückweg zur Lodge fuhr der Ranger über lichteres Gelände. Dort konnten wir Zebras, Giraffen, Gnus, Impalas und Kudus beobachten und erste Fotos aufnehmen.

Brandan holte uns am nächsten Morgen noch vor Tagesanbruch ab. Um 5:30 Uhr passierten wir das Südtor des Krüger Parks. Minuten später hielt der Ranger. Nur wenige Schritte vom Wagen entfernt räkelte sich ein Leopard vor einem von Büschen getarnten Felsblock in den ersten Sonnenstrahlen, scheuerte sich den Rücken und trottete im Unterholz davon. „Sie hatten riesiges Glück. Einen Leoparden zu erspähen ist eine große Seltenheit."

Langsam fuhr er weiter. Nur ein paar Sekunden später trat der Ranger auf die Bremse. Ein ausgewachsener Nashornbulle trat aus dem Busch und rannte direkt auf uns zu. Etwa zehn Schritte vor dem Kühler des Wagens blieb er stehen. Es war ein Breitmaulnashorn. Brandan bedeutete uns, absolute Ruhe zu bewahren und legte als Vorsichtsmaßnahme den Rückwärtsgang ein, ohne allerdings zu fahren. Eine Minute kann lange dauern. Aber etwa drei Minuten empfanden wir wie eine Ewigkeit. So lange etwa starrte der Bulle das Fahrzeug an. Ob er auch uns gewahr wurde, wussten wir nicht, denn der Wind stand für ihn ungünstig. Plötzlich kreuzte hinter dem Bullen eine Nashornkuh mit einem Jungtier den schmalen Pfad – Anlass für den Bullen, unvermittelt auf der Stelle zu wenden und hinterher zu galoppieren.

Das war unser aufregendstes Erlebnis im Krüger Park. Elefanten bekamen wir nicht zu Gesicht, auch keine Löwen, so sehr Ranger Brandon auch seine Ortskenntnis zu nutzen versuchte.

Den ersten Elefanten sahen wir einige Tage später in der privaten Bushlands Game Lodge in der Provinz KwaZulu Natal. Dort standen Zebras, Kudus und Impalas vor unserem Bungalow, als wir spät am Abend das Licht ausschalteten und mehrere laute Trompetenstöße weckten uns einige Stunden später, als die Morgendämmerung anbrach. Wir öffneten die Tür zur Veranda. Davor äste ein Kudu, was einem Elefanten unmittelbar daneben nicht gefiel. Als beide uns gewahr wurden, trotteten sie davon.

Die Big Five und andere Bewohner der Savannen

Wir fuhren auf eigene Faust zur Tierbeobachtung noch durch zwei weitere Parks, durch das Hluhluwe und das Umfolozi Natural Reserve. Elefantenherden, Büffelherden und große Gruppen von Spitzmaulnashörnern entdeckten wir, natürlich auch wieder Antilopen, Giraffen, Zebras und Gnus in großer

Zahl. Die Löwen hielten sich jedoch versteckt. Nur einmal erspähten wir aus größerer Entfernung eine Löwin, die geduckt im Gras hinter einer Bodenwelle lauerte. Impalas grasten in ihrer Nähe. Leider schreckten wir sie auf. Sie trat den Rückzug an und verschwand schnell.

* * *

Die Wiege der Menschheit liegt nach den Erkenntnissen wissenschaftlicher Forschung im Rift Valley in Kenia. Von Afrika aus breitete sich der Homo sapiens über die ganze Erde aus. Die älteste bis heute lebende Volksgruppe sind die San, die vor über einhunderttausend Jahren in den Süden Afrikas wanderten. Sie wurden in den letzten Jahrhunderten von den aus dem Norden nachrückenden Bantus in den äußersten Westen Südafrikas und nach Namibia abgedrängt.

Auf unserer **Spurensuche in Schwarz-Afrika** fuhren wir von der Malelane Lodge in das kleine Königreich Swasiland. Durch hügelige grüne Landschaften und vorbei an Rundhütten Einheimischer querten wir den Pigg's Peak Pass, hinter dem Schilder den Weg zu den „Bushmen Paintings" wiesen. Die vor mehreren tausend Jahren in Höhlen auf Fels gemalten Bilder zeigten Menschen, Tiere, Szenen der Jagd und kulturelle Rituale in erstaunlicher Schönheit und Frische.

So sehr wir uns auch bemühten, zu einem direkten Kontakt mit den San kam es leider nicht. Was wir in Augenschein nehmen konnten waren Tage später große Haufen Muscheln in den Höhlen der Mossel Bay und am Pinnacle Point der Garden Route – von den San in ihren Unterschlüpfen vor langer Zeit hinterlassene Essensreste.

Auf Empfehlung des South African Tourism Board, der bei der Vorbereitung der Reise behilflich war, besuchten wir in KwaZulu Natal einen Kral der Zulus. An einer alten Poststation, wo gesattelte Pferde auf uns warteten, parkten wir den Toyota. Der Ritt ging zuerst hinunter zum Mfuli River in ein Tal von atemraubender Schönheit und Wildnis, an einer Furt durch den Fluss und am Fuß eines zerklüfteten Bergrückens bis zur Simunye Pioneer Lodge. Dort hatten die Zulus auf kleinen Vorsprüngen an die Felswand fünf halbrunde Natursteinhäuser mit Dächern aus Schilfrohr wie Schwalbennester gebaut. Die Einrichtung war spartanisch, Elektrizität war unbekannt, für die Körperpflege standen Krüge mit reichlich Wasser bereit. Aus dem Buschwerk am Hang jenseits des Flusses ragten einige Rundhütten. Wir waren im Dorf des

Biyela Clans angekommen und wurden mit Kindergesang, Tänzen und gutem Essen begrüßt. Über eine schmale Holzbrücke gingen wir hinüber und hinauf zum Kral des Klans. Dort erwartete uns Big Chief Gilenya. Seine Ausstrahlung faszinierte. Brust und Schulter waren mit einem Leopardenfell bedeckt. Das Kopfband war mit Federn geschmückt. Der Häuptling hieß uns mit festem Händedruck willkommen. „Gehen Sie in unserem Land wohin Sie wollen. Sie werden überall willkommen sein. Denn, wie der Name Simunye sagt, wir sind alle eins."

Big Chief Gilenya und ein Stammesbruder

Mit seinem Sohn Lungani zeigte der Chief die Kunst des Stockkampfs. Dann übergab er uns einem Stammesbruder, der uns von Hütte zu Hütte führte – auch zur Sangoma, der Heilerin des Clans.

Die Sonne geht an keinem Dorf vorüber, sagt eine Weisheit der Bantu. Hier schien sie uns zuzutreffen.

* * *

Wir verbrachten noch einige Tage an der Wild Coast und in der Enklave Ciskei am Great Fish Point genannten Kap in einem von den Xhosa geführten

Hotel. Wie bereits bei den Swasi und Zulu genossen wir auch hier – in der Heimat Nelson Mandelas – das wahre, ursprüngliche Afrika.

Weiter ging die Tour auf der Garden Route, die für uns mehr das **Afrika der Weißen** wiederspiegelte. Johannesburg, Pretoria, Durban, East London und Port Elizabeth waren von den Engländern und Buren geprägte Städte. Das traf fast noch mehr auf die Orte der Garden Route und das Hinterland zu: Paradysstrand, Plettenberg, Knysna, Wilderness, George, Oudtshorn und Mossel Bay. In Swellendam fanden wir in einem im kapholländischen Stil gebauten Restaurant Leberwurst mit Sauerteigbrot und Weizenbier auf der Karte – Grund genug zuzuschlagen.

Nicht das Kap der Guten Hoffnung ist der südlichste Punkt Afrikas, sondern das weiter östlich gelegene Cap Agulhas. Hier treffen der Atlantik und der Indische Ozean aufeinander. Stets hoher Wellengang, Stürme und zahlreiche Riffe machen das Kap sehr gefährlich. Die aus dem Wasser ragenden, verrosteten Wracks gesunkener Schiffe sind eine Mahnung für alle Seefahrer.

Blick auf den Tafelberg bei Kapstadt

In Kapstadt endete die Reise. Über die Küstenstraße an der False Bay fuhren wir bis zum Kap, zurück durch den Park des Kaps, wo wir Springböcke entdeckten, und hinaus in die Weinberge von Franschhoek, Stellenbosch, Paarl und Constantia.

Die Stunden vor dem Heimflug verbrachten wir am Bloubergstrand. Dort nahmen wir mit einem grandiosen Blick auf Kapstadt, den Tafelberg, den Signal Hill und die dahinter liegenden Zwölf Apostel Abschied von einer unserer ereignisreichsten Reisen.

Mauritius

Das große Meer zwischen Indien, Afrika, Australien und der Antarktis wird Indischer Ozean genannt. Irgendwo im Südwesten – etwa 2.000 km von Afrika entfernt – liegt die Insel des immerwährenden Frühlings und Sommers, die **Isle Maurice**, benannt nach dem Prinz von Oranien.

Die schroffen Reste erloschener Vulkane geben der Insel ein markantes Aussehen, das sie umgebende Korallenriff eine von bunten Fischen bewohnte Lagune. Auf den Speisezetteln der Restaurants findet der Besucher alles, was der Ozean zu bieten hat: Muscheln, Austern, Seeigel, Hummer und Langusten, Thunfisch oder Red Snapper und wie sie alle heißen.

Genauso bunt gemischt ist die Bevölkerung: Indisch stämmige Mauritier und Kreolen geben den Ton an. Letztere sind Nachkommen afrikanischer Sklaven mit Europäern vermischt. Asiaten und Weiße sind die Minderheit.

Wir verständigten uns mit Englisch, was besser gelang als mit Französisch, was an uns lag. Bei Kreol legten wir unwissend die Stirn in Falten, erst recht bei Hindi, Tamil, Mandarin und Kantonesisch.

Marlin, Thunfisch, Schwertfisch oder Hai können zu Trophäen der Hochseefischer werden – wenn sie denn beißen. Clevere Bootsführer bieten Dolphin-Touren an, die meist von Erfolg gekrönt werden, aber auch Whale-Watching, obwohl die riesigen Meeressäuger eigentlich nur im Dezember vorbeiziehen, was sie bei misslungener Fahrt trotz entschuldigender Geste in der Regel verschweigen.

Wir fuhren mit einem Glasboden-Boot in die **Bucht des Rivière Noire bei Tamarin**, von dort hinaus vor das Riff, bestaunten die Welt der Korallen und bunten Fische unter uns, während ein Schwarm munterer Delphine springend an uns vorbeizog und im Hintergrund die dunkle Felswand des Mont du Rempart sowie Les Trois Mamelles spektakulär die Szene umhüllten.

Mauritius – Bucht von Tamarin

Die Spatzen benahmen sich gewohnt aufdringlich und frech. Kleine rosa Täubchen sammelten zurückhaltend Krümel. Gelbe Webervögel zeigten sich in den langen, dünnen Ästen der Kasuarinen und in den üppigen Honga-Buchen. Leuchtend rote Kardinale und schwarze Persische Nachtigallen benahmen sich selbstherrlich und Flughunde erinnerten kurz vor Einbruch der Dämmerung an Frankensteins Horror, wenn sie in die Kronen der Palmen flogen, um Jungvögel in den Nestern zu verspeisen.

Jerusalem

Im Süden Sri Lankas besuchten wir auf einer Insel in einem See das buddhistische Kloster Koddhuwa Rajamaha Viharaya. Ein Mönch führte uns durch die Räume. Beim Abschied erzählte ich, dass wir auch in hinduistischen Klöstern waren und fragte ihn, welche Verbindungen er zwischen diesen beiden Religionen sieht. Die Antwort kam schnell: „Shiva verkörpert als Zerstörer und Erneuerer den Kreislauf der nicht endenden Wiedergeburten, des unendlichen Leids des Hindus, und Vishnu, der Bewahrer, kehrte in neun Inkarnationen wieder, wie in Gestalt des Fürsten Rama, des Kriegsgottes Krishna und schließlich des Gautama Buddha. Dieser lehrte uns, das Leid zu überwinden." Das Leid zu überwinden, das ist der Kern der Lehre Buddhas.

Die Worte des Mönchs machten hellhörig. Parallelen drängten sich auf. Das Buch der Bücher, die Bibel, die Wurzel unserer christlichen Religion, verkündete den Messias. Jesus offenbarte, er sei Christus, der Messias. Er lehrte, das Leid zu ertragen und die Erlösung von dem Übel zu suchen. Dem widersprach Mohammed, indem er sich zum schlussendlichen Propheten erhob und die Verheißung des Korans offenbarte. Und die Juden warten noch immer auf den Messias. Ein nie zu Ende gehender Konflikt, der mich bewog, Jerusalem aufzusuchen, die Stadt dreier Religionen.

Oh, Jerusalem, was für ein wohlklingender Name, voll Sehnsucht und Hoffnung, Stadt des Friedens, auf Hebräisch schalom, Heilige Stadt, auf Arabisch al-quds, und gleichzeitig Stätte dreier Religionen – des Judentums, des Christentums und des Islams. Ihre Angehörigen, die an das Buch der Bücher glauben, glauben an den einen und einzigen Gott und sie alle haben den gleichen Ur- und Ziehvater, nämlich Abraham. Und doch sind sie sich fremd.

* * *

Gelobtes Land, heiliges Land nannten und nennen die Juden den Landstrich an der Ostküste des Mittelmeers, der ihnen, den Worten der Bibel zufolge, auserkoren war und den sie einst mit Gewalt den dort siedelnden Völkern entrissen und in ihren Besitz nahmen – eine Rechtfertigung, mit der Israel noch heute das Land der Palästinenser besiedelt und das Volk unterdrückt.

Zweimal errichteten die Juden auf dem ihnen heiligen Berg Moriah in Jerusalem einen **Tempel**. Zweimal wurde ihr Tempel zerstört – zuerst von den

Babyloniern und dann von den Römern. Geblieben sind ihnen nur noch bescheidene Reste der Anlage, nämlich die als **Klagemauer** bezeichnete **Westwand**. Sie können nur noch an diesen Tempelresten beten und heute und in Zukunft auf die Ankunft des Messias warten, der ihnen die Verheißung und Erlösung bringen wird.

* * *

Als die Römer die Provinz Syria und damit auch den Landstrich Palästina beherrschten, war das jüdische Volk in starker Bedrängnis. In dieser Zeit trat ein Mann in Erscheinung, der nicht mit der Waffe in der Hand stritt, sondern mit dem Wort. Es war Jesus von Nazareth, nach dem sich unsere, die westliche Zeitrechnung richtet.

Grabeskirche

Jesus predigte von Nächstenliebe und dem Reich Gottes. Er wurde Christus, der Gesalbte, genannt und er stiftete durch sein Wirken und Sterben den christlichen Glauben. Mit den Worten „Das Himmelreich ist nahe", gab er

144

den Menschen Hoffnung auf die Erlösung von der Mühsal und dem Leid des täglichen Lebens.

Die von Jesus gepredigte Nächstenliebe brachten ihm seine Landsleute nicht entgegen. Sie erkannten in ihm auch nicht den erwarteten Messias, sondern lieferten ihn dem römischen Statthalter Pontius Pilatus aus, der über ihn das Todesurteil fällte.

Über dem Kalvarienberg, auf dem Jesus gekreuzigt wurde, und über dem nur wenige Schritte entfernten Grab, bauten die seiner Lehre folgenden Christen eine Kapelle und darüber die mächtige **Grabeskirche** als Ausdruck ihres Glaubens.

Himmelfahrtskapelle

Der Überlieferung nach wurde Jesus nicht nur gekreuzigt und begraben. Er ist wieder auferstanden und wurde zum Himmel emporgehoben. An dieses Ereignis erinnert die **Himmelfahrtskapelle** auf dem Ölberg, die Saladin zum Ende der Kreuzzüge in eine Moschee umwandelte.

* * *

Der im 7. Jahrhundert in Mekka geborene Mohammed erhielt nach der islamischen Überlieferung seine erste Offenbarung, als ihm der Erzengel Gabriel im Schlaf mit den Worten erschien: „Im Namen Allahs, des Allbarmherzigen. Oh du, erhebe dich und predige und verherrliche deinen Herrn. Trag vor, bei deinem Herrn, der den Menschen lehrt, was er nicht gewusst hat." Und Mohammed tat dies, wurde zum Propheten und verkündete das ihm Offenbarte, das im Koran, dem „oft zu lesenden" Buch, aufgezeichnet wurde.

Seine Nachfolger verbreiteten die Lehre des Buches weiter und errichteten ein Großreich, das sich von Marokko und Spanien bis an den fernen Indus erstreckte und Jerusalem als auch Palästina einschloss. Wie im Koran nachzulesen ist, hat Allah seinen Diener Mohamed zur fernen Kultstätte in Jerusalem geführt. Nach der Überlieferung trat Mohammed auf dem Berg Moriah über dem Fels, auf dem Abraham seinen Sohn Isaak opfern wollte, seiner erzählten Traumvision entsprechend seine Himmelsreise an. Der Kalif Abd al-Malik war es dann, der Jerusalem zur Heiligen Stadt al-quds ausrief und über dem Fels auf dem Tempelberg einen großen Kuppelbau als Moschee errichten ließ, der wegen seines Standorts als **Felsendom** bezeichnet wird.

Es-Silsilah-Minarett, Felsendom und Klagemauer

Wir fuhren am letzten Tag unserer Reise hinauf auf den Ölberg. Die über der Wüste Jordaniens aufgehende Sonne ließ die kleine Himmelfahrtskapelle in hellem Licht erscheinen. Unter uns entdeckten wir im Gewirr des Häusermeers der Altstadt Jerusalems die Zinnen und Kuppeln der Grabeskirche und den oberen Rand der Klagemauer, die auf der inneren Seite zum Tempelberg

146

hin reich mit Arkaden geschmückt ist. Darüber leuchtete weithin sichtbar die goldene Kuppel des Felsendoms.

Alles in allem boten die für Juden, Christen und Muslime heiligen Stätten ein friedliches Miteinander. Wir wünschten in diesem Augenblick, es möge für immer so bleiben.